PREMIER CENTENAIRE

DE LA MORT DE LA

VÉNÉRABLE MÈRE THÉRÈSE DE SAINT-AUGUSTIN

MADAME LOUISE DE FRANCE

SAINT-DENIS. — IMP. LÉON MOTTE, 20 BIS, RUE DE PARIS.

PREMIER CENTENAIRE

DE LA MORT

DE LA

VÉNÉRABLE MÈRE THÉRÈSE DE SAINT-AUGUSTIN

MADAME LOUISE DE FRANCE

DISCOURS

Prononcés dans l'ancienne Église du Carmel de Saint-Denis

Les 21—22—23 Décembre 1887

SAINT-DENIS

IMPRIMERIE LÉON MOTTE

20, RUE DE PARIS, 20

1889

DÉCLARATION

Pour obéir aux décrets du Pape Urbain VIII, nous déclarons que si le titre de Sainte ou de Bienheureuse se trouve appliqué à quelque personnage auquel le Saint-Siège n'a pas attribué cette qualification, nous n'avons pas entendu devancer ni préjuger le jugement du Souverain Pontife auquel nous nous soumettons sans réserve, et que nous avons seulement suivi l'usage habituel, qui désigne par ces expressions les âmes douées d'une vertu éminente.

PORTRAIT DE LA VÉNÉRABLE MÈRE THÉRÈSE DE ST—AUGUSTIN

MADAME LOUISE DE FRANCE

QUELQUES SOUVENIRS

DES

FÊTES DU CENTENAIRE

> *« Beati qui habitant in domo tua*
> *Domine, in sæcula sæculorum lauda-*
> *bant te. »*   Ps. 83.
>
> Heureux ceux qui habitent dans
> votre maison, Seigneur, ils vous
> loueront dans les siècles des siè-
> cles.

Les fêtes de l'Église, bien différentes des joies du monde, laissent en nos âmes comme un suave parfum du ciel.

Elles s'écoulent rapidement parce que tout ici-bas doit finir, mais les grâces qui demeurent après elles sont des fruits de salut.

Aussi l'hymne de l'action de grâces s'élève-t-elle de bien des cœurs, au moment où s'achèvent les belles solennités qui viennent de réjouir le Carmel de France et les nombreux fidèles qui

ont participé aux fêtes de ce pieux Centenaire.
Ce retour vers un passé plein de foi et de gloire,
ces rapports plus intimes avec les saintes âmes
qui ont embaumé de leurs vertus la cour de
Louis XV et les austères cloîtres du Carmel,...
tout enfin portait au cœur une douce consolation
et un désir plus grand d'être meilleur. Aussi
voudrions-nous retracer dans un simple récit
quelques souvenirs de ces jours bénis. Puisse-
t-il être un écho de ces joies trop vite écoulées,
un hommage de plus rendu à la glorieuse et
sainte mémoire de la Vénérable Mère Thérèse
de Saint-Augustin, Madame Louise de France,
fille de Louis XV.

Cette Mère si humble et si illustre à la fois,
après avoir fait l'admiration de la Cour, était
venue ensevelir toutes les splendeurs de la terre
dans l'obscurité d'un cloître, dans le plus pauvre
Carmel du royaume de son père! Elle avait rêvé
plus de ténèbres encore pour dérober aux hommes
la grandeur de son sacrifice. Et Dieu permit,

pour un temps, à la tourmente révolutionnaire de renverser l'œuvre qu'elle avait poursuivie avec tant de zèle et d'amour pendant toute sa vie. Le Carmel de Saint-Denis, relevé de ses ruines par les largesses royales, devint désert. Les religieuses qui avaient vécu avec elle durent abandonner leur chère solitude et les cendres vénérées de leur Auguste Mère que les pieux fidèles nommaient souvent *la Sainte Princesse*.

Les bornes étroites de ce récit ne nous permettent pas de faire ici l'histoire de ces années néfastes. Comment peindre d'ailleurs les malheurs et les angoisses de tant de vénérables religieuses violemment arrachées de leurs couvents, et fuyant de ville en ville pour se dérober à la cruelle persécution qui les poursuivait? Nous dirons seulement un mot des Carmélites de Saint-Denis.

En 1792, elles reçurent l'ordre de quitter leur monastère dans un court délai, et sortirent au nombre de quarante. La défense de vivre ensemble qui leur fut intimée, vint ajouter à leur douleur celle d'une entière séparation. Des amis dévoués offrirent à quelques-unes de ces vénérées Mères de sûrs asiles. Les autres cherchèrent au loin, même dans des monastères étrangers, le bonheur de vivre encore sous la règle du Carmel, se rappelant le mot de leur auguste Mère Madame Louise de France : « J'aimerais mieux être carmélite à Constantinople que de retourner au château de Versailles ». Ainsi s'écoulèrent quinze années qui leur parurent un siècle.

Cependant, en 1806, des jours plus calmes permirent à la Révérende Mère Maurice de Saint-Raphaël, que la Vénérable Mère Thérèse de Saint-Augustin avait formée à la vie religieuse, de tenter le rétablissement du Carmel de Saint-Denis.

Ne pouvant rentrer en possession de l'ancien monastère, elle se décida avec sept ou huit de ses Filles, à transporter à Paris, rue Cassini, les débris de leur chère communauté. Réduites à une grande pauvreté et à une organisation très imparfaite, elles traversèrent des années bien difficiles pendant lesquelles elles reprirent toutes

les saintes observances de la Règle avec une ferveur admirable. Mais le désir d'habiter un monastère régulier et de trouver une solitude plus
grande se rencontrant avec quelques propositions avantageuses, ces dignes Mères crurent y
voir une marque de la volonté de Dieu. Elles
se décidèrent à quitter Paris vers la fin de 1838,
et la communauté fut transférée à Autun. Cependant elles n'avaient pas abandonné la pensée
de ressusciter un jour à Saint-Denis leur ancien
Carmel. Pendant vingt-deux ans, elles demandèrent à Dieu cette grâce; enfin, en 1860, tant de
supplications furent exaucées, et quelques religieuses du monastère d'Autun furent désignées
pour faire cette fondation.

Mais combien d'obstacles s'opposaient encore à
l'acquisition de leur ancien monastère, depuis de
longues années transformé en caserne militaire !
Les démarches actives et pleines de dévoûment,
faites par M. l'abbé Le Rebours, leur vénéré
Supérieur, et les puissantes protections qu'il
leur procura, jointes à la grande générosité

d'une famille [1], que le Carmel compte au nombre de ses insignes bienfaiteurs, firent disparaître ces difficultés, et en 1868, les Filles de la Vénérable Mère Thérèse de Saint-Augustin purent enfin reprendre possession de leur antique monastère.

L'église manquait cependant à l'ancien Carmel pour que la résurrection du passé fût complète. Il avait été impossible de l'acquérir avec le monastère, et à peine osait-on espérer qu'en des temps meilleurs cet héritage de famille pût revenir à celles qui le chérissaient comme le plus précieux souvenir de leur Vénérable Mère.

Ces jours semblaient encore bien éloignés, quand l'approche du Centenaire de la mort de la Vénérable Louise de France fit naître la pensée de le célébrer avec solennité ; on se demanda comment cela serait possible dans le modeste oratoire qui sert de Chapelle provisoire au Carmel de Saint-Denis. Cependant Sa Grandeur Monseigneur l'archevêque de Paris, qui honore le Carmel

[1] MM. Mignon et Riant.

d'une bienveillance toute paternelle, et qui porte à la cause de la Vénérable Mère Thérèse de Saint-Augustin un intérêt très particulier, encourageait ces fêtes.

L'Ordre tout entier en France fut donc invité, par une lettre circulaire, à célébrer un Triduum. Cette grande croisade de prières avait pour but d'obtenir la Béatification de la Servante de Dieu par un redoublement de ferveur et de pieuses supplications.

L'appel fut entendu, et l'élan avec lequel tous les Carmels répondirent à cette invitation montra, une fois de plus, combien le nom de la Vénérable Madame Louise de France éveillait de confiance, de sympathie et de dévotion dans la grande Famille religieuse qu'elle avait illustrée par ses héroïques vertus.

Il fallut même modérer les démonstrations d'amour filial qu'on souhaitait lui donner et rappeler à plusieurs les sages et prudentes lois de la Sainte Église, qui n'accorde aux Vénérables qu'un culte privé.

De tous les côtés des lettres furent adressées au Carmel de Saint-Denis, lettres de félicitations fraternelles pleines de la plus douce charité. On se sentait rapproché et uni comme une même famille, et la prière suprême de Notre Seigneur « qu'ils soient un comme nous sommes un, » tant de fois répétée par la Vénérable Mère Thérèse de Saint-Augustin, semblait être exaucée au jour solennel de son premier Centenaire. On voulut donner à ses humbles Filles les témoignages les plus touchants de bienveillance et d'affectueux intérêt. Tout le monde s'offrait à leur venir en aide dans la mesure du possible, et le Triduum qui devait se faire d'abord bien modestement dans la toute petite Chapelle du monastère, commença à prendre les proportions d'une vraie solennité religieuse.

Depuis plusieurs mois déjà, certaines propositions avaient été faites à la municipalité de Saint-Denis dans le but d'obtenir la cession de l'église si chère à la piété filiale des Religieuses, et à laquelle le nom de la Vénérable est si intimement uni. C'était en effet pour donner une consolation à la grande piété de son Auguste tante, que le roi Louis XVI avait ordonné la construction de ce bel édifice. Les travaux commencés en 1780 avaient été achevés en 1784, grâce au zèle et au dévouement de la Vénérée Mère qui s'en occupait sans cesse.

Mais à cette époque, le malheur des temps avait épuisé le trésor royal, et les Carmélites durent couvrir elles-mêmes les frais considérables de cette construction. Les plans, dûs à Richard Mique, architecte du Roi, furent parfaitement exécutés. L'église a la forme d'une croix grecque; une coupole centrale, décorée de caissons sculptés, est éclairée par un lanternon; le sommet de la croix, le bras droit et le bras gauche sont disposés en demi coupole ornée aussi de caissons; quatre grands pendentifs, où l'on a sculpté les figures des prophètes Élie et Élisée, de Saint-Albert le législateur du Carmel et de Saint-Jean de la Croix, occupent l'intervalle des arcatures.

Pendant la tempête révolutionnaire, l'église fut préservée presque miraculeusement de tous les dangers qui la menaçaient, et dès l'année 1795, elle fut affectée au service paroissial et, à part une petite interruption, il en fut ainsi jusqu'en 1868, époque où fut construite la belle église de Saint-Denis.

Considérée depuis comme Chapelle de secours, elle est le plus souvent solitaire et déserte, et le Saint-Sacrement ne repose pas dans le tabernacle ; cependant elle n'a jamais été abandonnée : chaque dimanche M. le Curé y fait célébrer une messe, et le soir de pieux et bons Alsaciens viennent y entendre la parole de Dieu dans la langue de leur pays. En dehors de ces courts moments, c'est le silence absolu, et à peine quelques rares prières montent vers Dieu de ce cher sanctuaire, qui a entendu les supplications si ardentes de la Vénérable Mère Thérèse de Saint-Augustin et des saintes Religieuses qui l'entouraient alors.

Comment la pensée ne serait-elle pas venue

de solliciter la faveur de célébrer les fêtes du Centenaire dans cette chère église?

La demande était bien un peu téméraire, mais la Providence répondit à la confiance des Carmélites.

Un ami dévoué[1], que des liens très étroits attachent au Carmel, voulut bien mettre au service des Religieuses son dévouement sans bornes. Après avoir poursuivi les négociations pour obtenir la cession de l'église, il s'offrit encore comme mandataire et présenta leur requête à M. le maire de Saint-Denis[2].

Il en reçut le plus favorable accueil, et l'autorisation de célébrer les Fêtes du Centenaire dans l'ancienne église du monastère fut envoyée aux Carmélites le 12 décembre.

On pouvait donc leur donner toute la solennité qu'on souhaitait, et Dieu, une fois de plus, montrait qu'il fait pour les siens des choses admirables, et veille lui-même à leur gloire.

[1] M. de Vergès.
[2] M. Leroy.

Après avoir mille fois béni la Providence, on songea, dans le court délai qui restait encore jusqu'à l'ouverture du Triduum, à organiser ces fêtes religieuses avec une pompe inusitée au Carmel, mais que les circonstances justifiaient pleinement. L'église déserte et silencieuse se changea en un bruyant chantier; tous les corps d'état y travaillaient à la fois, afin de réparer un peu les outrages du temps et de l'abandon. On était étonné de découvrir de magnifiques marbres que la poussière dérobait à tous les regards, les belles sculptures de la coupole se détachaient mieux aussi, et l'on admirait davantage, en le regardant de plus près, ce petit chef-d'œuvre élevé par les soins et le zèle de la Vénérable Madame Louise de France. Ne devait-elle pas sourire du haut du ciel, en voyant cette chère Chapelle sortir de son long silence et se parer pour célébrer le Centenaire de ses noces éternelles avec l'Époux !

Sa maternelle protection veillait à tout, inspirait mille pensées qu'on n'avait jamais eues, on

se sentait aidé par elle dans les moindres détails
de cette grande Fête.

Un habile architecte[1], tout dévoué au Carmel,
combina, avec un vrai talent, les décorations de
l'église, dont il fit admirablement ressortir toutes
les beautés. Grâce à ses soins infatigables l'or-
nementation du monument réussit à souhait.

Des draperies de velours rouge et de satin avec
franges d'or montant jusqu'à la corniche et re-
levées en manteaux, couvraient entièrement les
murs du Chœur, ceux de l'église et la tribune
réservée aux chanteurs, laissant dans toute la
pureté de leur style les belles colonnes de pierre
blanche qui montent du sol à la corniche. Elles
se détachaient admirablement sur ce fond rouge,
ainsi que les élégantes sculptures de la coupole
et de la voûte.

Des fleurs et des massifs de verdure répandus
à profusion dans toute la Chapelle, en complé-
taient la décoration et achevaient de lui donner
un air de fête. Le sanctuaire surtout était trans-

[1] M. Léon Brey, membre de la Société Centrale,

formé en un parterre délicieux ; partout des
orangers et des lauriers qu'on avait fleuris, des
palmiers, dûs à la grande générosité de pieux
amis [1], qui avaient mis leurs serres et leurs jar-
diniers à la disposition des Carmélites. Le luminaire ne laissait rien non plus à désirer. Un
grand lustre au milieu de l'église, des torchères,
des appliques, des girandoles, des candélabres
en grand nombre, répandaient une brillante lumière dans toute la Chapelle. Le devant du
maître autel, simple et modeste, était dissimulé
par un magnifique antipendium très ancien, que
M. le Curé de l'église de la Madeleine de Paris,
supérieur des Carmélites de Saint-Denis, avait
bien voulu leur prêter. Il avait mis encore à leur
disposition des ornements de grand prix et des
vases sacrés.

L'insigne Chapitre de Saint-Denis voulut bien
contribuer aussi à la décoration du sanctuaire,
en prêtant pour le maître autel des chandeliers
anciens ciselés avec art, une belle lampe et di-

[1] M⁻ᵉ et Mˡˡᵉ Meissonnier, M. Legentil et M. Salle.

vers ornements richement brodés. N'était-ce pas ressusciter les vieilles traditions du passé, qui mentionnent la présence et la générosité des anciens Bénédictins de Saint-Denis à toutes les grandes solennités du Carmel, alors que l'auguste Fille de nos Rois servait de trait d'union entre son humble monastère et l'illustre Abbaye.

Pendant la dernière journée qui précéda l'ouverture du Triduum, les amis du Carmel de Saint-Denis se multiplièrent pour terminer ce qui manquait encore à la décoration de l'église. On remarquait entre tous l'architecte[1] qui avait autrefois dirigé, avec autant de zèle que de dévouement, les travaux de restauration du monastère, et qui le préserva de tous les dangers pendant la guerre de 1870.

De pieux bienfaiteurs voulurent aussi contribuer à ces fêtes en offrant de généreuses aumônes, qui permirent de les célébrer avec pompe.

Ainsi le soir du 20 décembre, la Chapelle et

[1] M. Philippe Dury.

le Chœur des Religieuses se trouvèrent prêts comme si l'on avait eu des mois pour organiser le Centenaire de Madame Louise de France.

On désirait une nombreuse assistance et on n'épargna rien pour faire connaître le Triduum. Des affiches furent posées dans toutes les Églises et Chapelles du Diocèse, et près de 6,000 lettres d'invitation furent distribuées dans les paroisses de Paris ou adressées aux personnes pieuses. De plus, M. le Curé de Saint-Denis voulut bien annoncer lui-même en chaire, à plusieurs offices différents, les Exercices du Triduum, et engager ses pieux paroissiens à s'y rendre assidûment. Aussi les pèlerins furent-ils très nombreux dès le premier jour.

Un pieux concours commença le mercredi 21 décembre. A six heures du matin, les Religieuses Carmélites entraient dans l'ancien Chœur de leur monastère. Depuis bientôt cent ans, la prière des Filles de Sainte-Thérèse ne s'y était pas fait entendre !..... Que d'événements s'é-taient écoulés depuis la dispersion de cet ancien

Carmel! Mais un parfum de sainteté remplissait ces lieux vénérés. On se sentait entouré du souvenir de tant de vertus héroïquement pratiquées, et la Vénérable semblait présente dans ce Chœur où tant de fois elle avait prié!... Sa place de Prieure occupée aujourd'hui par celle de ses Filles qui exerce la même charge... tout dans ce Chœur presque miraculeusement conservé comme il était de son temps, rappelait l'auguste, l'incomparable Mère qu'on venait fêter en ce jour!

Oh! combien fut récitée avec émotion cette première prière qui commence chaque matin l'exercice de l'Oraison mentale : « *Veni Sancte Spiritus* ». A peine se terminait-elle que M. le curé de Saint-Denis monta à l'autel pour célébrer la première messe du Triduum. En même temps les jeunes Filles de l'Ouvroir entonnèrent de leurs voix fraîches et pures ce ravissant cantique dont l'à-propos frappa tous les pieux assistants :

> Échos du sanctuaire,
> Ah! résonnez en ce beau jour,
> Portez à notre Mère
> Portez, portez nos chants d'amour.

N'était-ce pas traduire la prière silencieuse que faisaient monter vers le ciel les heureuses Filles de la Vénérable Louise de France à ce moment solennel et béni !

Pendant ces trois jours, les messes se succédèrent sans interruption depuis six heures du matin jusqu'à neuf heures, et même il y en avait parfois en même temps au maître-autel et à la chapelle de la Sainte Vierge.

Des prêtres très occupés par les hautes fonctions qu'ils exercent à Paris, voulurent bien faire ce pèlerinage matinal pour célébrer la sainte messe dans l'église de la Vénérable.

Nous citerons en particulier MM. les curés de Saint-Augustin, de Saint-Jean-Saint-François, de Saint-Georges, M. l'abbé Bernard, ancien vice-doyen de Sainte-Geneviève. Les membres du Tribunal de la cause de Béatification de la Servante de Dieu donnèrent en cette circonstance les preuves les plus touchantes de la vénération qu'ils ont pour elle, et de la confiance qu'ils mettent en son intercession. Mgr de l'Escaille, président du Tribunal, M. l'abbé de Bertrand de Beuvron, postulateur, M. l'abbé Delaage, notaire apostolique, vinrent aussi offrir le Saint Sacrifice et joindre leurs supplications à celles des Filles de la Vénérable pour obtenir au procès dont ils s'occupent tout le succès qu'ils attendent et espèrent.

Le pieux clergé de Saint-Denis, imitant son vénéré Pasteur, se distingua pendant le Triduum par son assiduité aux Exercices et les témoignages de sa dévotion à Madame Louise de France; M. le curé et chacun de MM. les vicaires dirent successivement la sainte messe dans l'ancienne chapelle des Carmélites, pour demander à Dieu de donner à l'Ordre tout entier et à la ville de Saint-Denis en particulier une illustre protectrice de plus.

M. l'aumônier du Carmel [1] donna aussi, pendant ces jours bénis, des preuves multipliées de son entier dévouement. Il surveillait et prévoyait

[1] M. l'abbé Menin.

les moindres choses afin que l'ordre le plus
complet régnât partout.

L'habile organiste de la basilique[1], désireux de
prouver aussi sa vénération pour Madame Louise
de France, abandonna ses nombreuses occupa-
tions et vint exécuter pendant la messe de huit
heures de beaux motets au Saint-Sacrement. On
oubliait, en l'entendant, qu'il n'avait à sa disposition qu'un modeste harmonium, et les pieux
fidèles, attirés par ces graves et religieuses mélo-
dies, revenaient chaque jour plus nombreux.

Mgr l'Archevêque de Paris, presque à la veille
de son départ pour Rome, daigna faire lui-même
l'ouverture solennelle du Triduum et dire la
messe conventuelle à neuf heures. A son entrée
dans l'église, les enfants de chœur de la maîtrise de Notre-Dame de Paris, qu'on avait bien
voulu donner à cause de la présence de Monseigneur, par une faveur toute particulière, entonnèrent de leurs voix douces et pures l'an-
tienne : *Ecce Sacerdos magnus*, qui fit tressaillir

[1] M. Delhaye.

de joie tous les cœurs, heureux de se grouper un moment près de leur Père vénéré, puis ils continuèrent à chanter pendant le Saint Sacrifice des motets au Saint-Sacrement et à la Sainte Vierge. Après l'Évangile, Sa Grandeur prit la parole et fit une belle et touchante allocution que nous reproduisons plus loin sur ces consolantes paroles : « *Je suis la Voie, la Vérité et la Vie* ». Au moment de la communion, un spectacle inusité et impressionnant fut donné à la pieuse assistance. La grille des Religieuses étant hors du sanctuaire et assez éloignée de l'autel, on forma une véritable procession pour accompagner le Très Saint-Sacrement. Elle s'ouvrait par l'officier de chœur de l'Abbaye, mis à la disposition des Carmélites pendant les trois jours, revêtu d'un costume moyen âge qu'il porte dans les grandes cérémonies de la Basilique. Puis venaient deux enfants de chœur tenant de grandes lanternes, ensuite M. l'aumônier du Carmel et deux vicaires généraux, enfin Mgr l'Archevêque portant le Saint-Ciboire ; derrière lui deux enfants de chœur encore avec leurs lanternes pour fermer la procession. Elle s'avança jusqu'à la petite grille de communion, à cette même place où la Vénérable Mère Thérèse de Saint-Augustin et ses pieuses Filles d'alors avaient tant de fois reçu la Sainte Eucharistie et avec tant d'amour!

Depuis les temps mauvais qui dispersèrent ces saintes religieuses, Notre Seigneur n'était plus venu à cette petite grille, il ne s'était plus donné là à personne ! Aussi comment exprimer ce qu'éprouvèrent les Carmélites d'aujourd'hui en voyant ressusciter tant de saints souvenirs d'un passé toujours présent pour elles! Mais la Vénérable Mère ne se contenta pas d'obtenir à ses Filles l'autorisation inespérée de célébrer ces fêtes dans la chapelle si chère à leurs cœurs, elle disposa les choses de telle sorte que Monsieur le Maire et les autorités civiles de Saint-Denis voulurent bien assister à la messe de Monseigneur, et témoignèrent la plus grande bienveillance aux Carmélites qui en furent aussi touchées que reconnaissantes. Dans les temps où nous sommes de tels faits ne sont pas ordinaires, et ils honorent les hommes dont l'intelligence élevée sait dominer les préjugés vulgaires et accomplir leur mandat avec toute la liberté de leurs convictions.

Sa Grandeur Monseigneur l'Archevêque daigna voir la Communauté après la cérémonie et félicita beaucoup les heureuses Filles de Madame Louise de France des belles fêtes qu'elles préparaient en souvenir de leur illustre et vénérée Mère, en attendant que la Sainte-Église leur permette de l'honorer avec une splendeur bien plus grande encore. A deux heures les Religieuses chantèrent très solennellement les Vêpres. Il en fut de même les trois jours. Le Très Saint-Sacrement exposé depuis la messe conventuelle était toujours entouré de beaucoup de fidèles. Dès deux heures de l'après midi l'église était presque pleine, et à quatre heures au moment du sermon on ne pouvait plus entrer. Les sergents de ville chargés de maintenir l'ordre à l'extérieur, gardaient alors les portes et distribuaient aux personnes qui res-

taient au dehors des images représentant la Servante de Dieu. On avait eu la bonne pensée d'en
donner aussi après chaque exercice du Triduum
afin de laisser à tous les assistants un souvenir
du Centenaire. Les images furent acceptées avec
tant d'empressement par tout le monde, qu'on en
distribua près de trois mille. Il était touchant de
voir toutes ces personnes de conditions si di-
verses : hommes distingués par leurs talents et
leur naissance, industriels, commerçants, entre-
preneurs, ouvriers, sortant de la Chapelle avec
une grande gravure de Madame Louise de France,
qu'ils ne craignaient pas de porter très ostensi-
blement, se promettant bien de la faire encadrer
afin qu'elle portât la bénédiction de Dieu au
foyer de la famille. Ne se croirait-on pas revenus
aux siècles de foi ou bien au jour de la profession de la Vénérable : « Alors, lisons-nous dans
« sa vie, toutes les cloches de la ville s'ébranlè-
« rent et apprirent à un peuple nombreux que
« ce grand sacrifice était consommé. A ce signal,
« on vit des hommes de tout rang, de tout état,

« quitter leurs affaires et leurs travaux pour se
« livrer aux sentiments qu'inspirait la pensée
« d'un tel héroïsme. Ils s'assemblaient dans les
« rues, se portaient vers le monastère, levaient
» les yeux au ciel et exprimaient de toute ma-
« nière leur étonnement de voir une fille de roi
« se dévouer pour toujours à la vie austère du
« Carmel. »

Si l'on pouvait penser que ces lointains souvenirs fussent devenus indifférents aux habitants
de Saint-Denis, les fêtes auxquelles nous venons
d'assister affirmeraient le contraire. De pauvres
ouvriers abandonnèrent leur travail pendant trois
jours pour suivre les exercices du Triduum. Une
humble balayeuse de la rue vint chaque matin à
l'église jusqu'à l'heure où son travail l'obligeait
à quitter, et le dernier jour elle apportait la petite
obole de cinquante centimes destinée aux frais
du Centenaire, obole plus grande aux yeux de
Dieu que l'or des heureux de ce monde. Dans
d'autres familles ouvrières plus riches on se
partageait afin que chacun eût un exercice dans

la journée. De tels faits ne prouvent-ils pas jusqu'à l'évidence combien la chère Vénérable est encore populaire en dépit des efforts de l'enfer et des tristes tendances de nos temps malheureux ? Mais revenons au récit de cette première journée.

A quatre heures, au milieu d'une très nombreuse assistance, le Révérend Père Vallée, de l'Ordre de Saint-Dominique, fit un éloquent panégyrique de la Servante de Dieu ; il raconta de la manière la plus intéressante les principaux événements de sa vie. On sentait que l'orateur, tout épris de la grande figure qu'il avait pieusement contemplée, voulait faire admirer à son auditoire toutes les beautés de cette âme si généreuse, si absolue dans le don d'elle-même. Il y réussit pleinement et ce fut une révélation pour plusieurs qui disaient naïvement en quittant l'église : « Je ne la croyais pas encore si sainte que cela ». Le salut du Très Saint-Sacrement termina cette douce journée ; il fut donné par Monsieur le Curé de Saint-Denis. Les chants exécutés par la Maîtrise de l'église de la Madeleine de Paris furent magnifiques ; on se serait cru dans une grande paroisse et non dans une chapelle de Carmélites. Cette exception aux austères usages de l'Ordre n'indiquait que mieux la *solennité de la fête.*

Le second jour tous les exercices eurent lieu dans le même ordre et aux mêmes heures que la veille. La messe de huit heures fut dite par Monsieur l'abbé Bazin, Chanoine du Chapitre de Saint-Denis, qui mit ainsi le comble à la grande bienveillance qu'il témoigne aux Carmélites en toutes circonstances. Interprétant les intentions de Monseigneur Soulé, ancien évêque de la Réunion, Vicaire capitulaire du Chapitre de Saint-Denis, il voulut bien mettre à leur disposition les richesses de l'antique basilique pendant les fêtes de leur Vénérable Mère. Sa Grandeur daigna elle-même célébrer la messe conventuelle pendant laquelle les jeunes filles du cours Sainte-Cécile de Paris firent entendre des chants d'une harmonie toute céleste. A l'évangile, Monsieur l'abbé Bernard, ancien vice-doyen de Sainte-Geneviève, monta en chaire et parla avec un grande élévation de pensées de la Servante de Dieu. On se rappelait en l'entendant qu'il avait déjà travaillé à sa gloire, en publiant une réédition des Méditations dues à la piété de l'auguste princesse, et qu'il avait été chargé de la révision de sa correspondance, au moment où l'on procédait à l'examen de ses écrits. Enfin on voyait qu'il avait vécu dans son intimité.

Le soir, Monsieur l'abbé Le Rebours, curé de la Madeleine, Supérieur du Carmel de Saint-Denis, fit un beau discours pour montrer à son auditoire comment la présence de Dieu partout, mais surtout au Très Saint-Sacrement, avait été la joie, la force et la dévotion particulière de la Vénérable Mère Thérèse de Saint-Augustin. Elle ne voulut en effet accepter qu'une faveur et une exception en quittant la Cour et se donnant à Dieu, ce fut la grâce de recevoir, chaque matin, Celui auquel elle se donnait sans cesse dans une complète immolation d'elle-même. Les chants du Salut furent exécutés par la maîtrise de Saint-

Sulpice, et Monsieur l'abbé Le Rebours donna la bénédiction du Très Saint-Sacrement.

Bien que le temps fût assez froid, la ferveur des fidèles ne faisait qu'augmenter. Grâce à la charité d'un ami du Carmel[1], dont le nom est en bénédiction à Saint-Denis, la belle mais très froide Chapelle fut parfaitement chauffée tout le temps au moyen d'une organisation provisoire qui réussit à souhait. Les âmes pieuses purent donc satisfaire à loisir leur dévotion sans souffrir des rigueurs de la saison. De nombreux pélerins venaient chaque jour de Paris, et plusieurs passaient de longues heures au pied du Saint-Sacrement. Combien de ferventes prières montèrent vers Dieu, pendant ces jours bénis, et demandèrent l'auréole des bienheureux pour l'Auguste Carmélite qui s'était silencieusement immolée ici dans la prière et la pénitence !

C'était une leçon pour tous et elle a laissé de profondes émotions. On ne contemple pas impunément le sacrifice, il a des accents efficaces

[1] M. H. Salle.

pour les âmes qui veulent bien l'écouter dans le recueillement et la prière. Le contact des saints nous rend toujours meilleurs ! A mesure qu'on connaissait davantage les grandes vertus de la Vénérable Mère Thérèse de Saint-Augustin, on recherchait avec plus de soin ce qui pouvait rappeler son souvenir. Pour répondre à ce désir, les Religieuses Carmélites firent exposer, dans le logement occupé par les Sœurs tourières du couvent, un certain nombre d'objets ayant appartenu à Madame Louise de France. Nous citerons ainsi par exemple sa cuiller, sa discipline de fer, sa lampe de cellule, son manteau de Chœur, son Christ de profession, un ravissant Enfant Jésus, en cire, qui représente la Vénérable encore au berceau, et plusieurs autres objets très précieux à la piété des fidèles.

Dans le fond de la pièce, on voyait le buste de la servante de Dieu, se détachant sur des tentures de satin rouge frangées d'or. Après chaque Exercice du Triduum, les assistants se dirigeaient vers cette modeste petite pièce, dans laquelle

les sergents de ville laissaient entrer par petits
groupes afin d'éviter le désordre et l'encombre-
ment.

Le temps semblait trop court pour les occupa-
tions multiples qui le remplissaient : aussi arri-
vons-nous déjà à ce 23 décembre, jour de la
glorieuse mort de la Vénérable Mère Thérèse de
Saint-Augustin. Elle avait été durant sa vie vraie
fille de l'Église catholique ; c'était, à l'exemple de
Sainte-Thérèse, sa Mère, le titre dont elle aimait
à se glorifier : ne devait-on pas, au jour de son
Centenaire, demander au représentant du Chef
suprême de l'Église en France d'honorer de sa
présence ce jour solennel entre tous? Son Excellence Mgr le Nonce Apostolique daigna répondre
à l'humble appel des Carmélites. Après avoir
célébré la Sainte-Messe, pendant laquelle les
élèves du Couvent de la Compassion de Saint
Denis chantèrent, avec le concours dévoué d'une
amie du Carmel, de pieux cantiques et de beaux
motets au Saint-Sacrement, il donna la Com
munion aux Religieuses avec le cérémonial dont

nous avons déjà parlé. Mgr le Nonce voulut bien entrer dans le monastère plein du souvenir de la Vénérable et s'arrêter à chacun des lieux qui rappelait quelque épisode de sa vie. Ici, la place où elle disait au Chœur le saint-office, là, cette petite grille où elle recevait Notre Seigneur dans la Sainte-Eucharistie, puis le Chapitre qui entendit prononcer ses saints engagements avec l'Époux divin, les cloîtres qu'elle a si souvent parcourus, les offices où elle a travaillé comme travaillent les petits et les pauvres, le réfectoire et la place qu'elle y occupait comme Prieure, le petit oratoire enfin, sous le vocable du Saint-Cœur de Marie, élevé par les anciennes Mères en actions de grâces de l'entrée de Madame Louise dans leur cher monastère. La piété de Mgr le Nonce s'intéressa à tous ces souvenirs, et il daigna exprimer le vœu de voir bientôt sur les autels celle dont on fêtait la glorieuse mémoire. Les heures de ce dernier jour parurent trop courtes à tous les cœurs, car déjà on touchait à la clôture de ces belles Fêtes.

Deux heures avant l'office, l'église était pleine et l'on sentait un courant de prières entre toutes ces âmes venues là, non par curiosité, mais par une vraie piété. A quatre heures, Mgr d'Hulst, prélat de la Maison du Pape, recteur de l'Université catholique de Paris, monta en chaire. Il parla, avec autant de piété que d'éloquence, de la vocation de Madame Louise, des opérations de Dieu dans son âme, de sa généreuse fidélité à correspondre aux exigences divines et de la fécondité de ses immolations quotidiennes pour le salut du Roi son père.

Puis pour augmenter la joie de tous les pieux fidèles et pour mettre le comble aux grâces nombreuses que Dieu avait répandues sur le Triduum, Mgr d'Hulst annonça que Sa Sainteté Léon XIII, pour répondre à la supplique qui lui avait été adressée par les Carmélites de Saint-Denis, daignait ajouter à la bénédiction déjà accordée une indulgence plénière, applicable par voie de suffrages aux âmes du Purgatoire, aux Religieuses et à toutes les personnes qui avaient visité leur

Chapelle l'un des trois jours, après s'être confessées et avoir fait la Sainte-Communion selon les conditions ordinaires. La nouvelle de cette grande grâce ne parvint malheureusement qu'à la fin de la dernière journée, ce qui ne permit pas aux pieux fidèles des jours précédents d'en profiter. Mais la Sainte-Église pouvait-elle, dans la personne de son Chef visible, donner à la Vénérable Louise de France un plus grand témoignage de son amour, et à ceux qui avaient pris part à ces fêtes bénies une faveur plus inestimable que celle de la rémission entière de leur péchés?

Ainsi se terminèrent, dans l'action de grâces, ces jours trop vite écoulés. Le salut donné par Mgr de l'Escaille, Protonotaire Apostolique, président du Tribunal de la Cause, fut magnifique. L'autel était éblouissant de lumières et l'église aussi splendidement illuminée. La chape du célébrant, prêtée par l'Abbaye de Saint-Denis, était d'une richesse inouïe, couverte de roses d'or brodées en bosse. La maîtrise de la paroisse de Saint-Thomas d'Aquin de Paris égala en beauté celle des jours précédents; l'harmonium, la harpe et le violoncelle accompagnèrent de très belles voix, et tout l'ensemble faisait penser à ces harmonies qui ravissent à jamais les Élus dans la Jérusalem céleste.

Mais bientôt les chants cessèrent et le silence se fit dans la Chapelle redevenue solitaire; les ombres de la nuit remplacèrent le brillant luminaire; cette résurrection du passé qui rappelait les grandes solennités dont cette chère église avait été témoin, tout cela avait paru revivre un moment non pour fêter l'Auguste fille de Louis XV, mais pour demander à Dieu d'accorder bientôt à la Vénérable Mère Thérèse de Saint-Augustin les honneurs de la Béatification. Tous les cœurs étaient unis dans cette prière, et chacun appelait de ses vœux les plus ardents l'heure de ce triomphe. On aurait voulu prononcer bien haut le nom de Sainte, il est resté au fond des cœurs avec la vénération, la confiance et l'amour qu'un siècle, et un siècle tel que le nôtre, n'a pu effacer. Beaucoup de grandeurs ont sombré dans le naufrage de la révolution et l'oubli les enveloppe d'un silence de mort, mais la mémoire de ceux que Dieu a marqués du sceau des Élus demeure vivante au travers des siècles.

O mon Dieu, donnez-nous des Saints qui arrêtent vos justices dans le temps, des Saints qui éclairent le monde plongé dans les ténèbres de la mort, des Saints qui chantent pendant l'Éternité vos infinies miséricordes !

Nous avons longuement parlé des témoignages de vénération et de piété filiale que reçut au Carmel de Saint-Denis Madame Louise de France, mais notre humble tribut de louanges resterait incomplet si nous ne disions un mot des nombreux Triduum célébrés dans les autres monastères de l'Ordre. Ceux de Paris se distinguèrent entre tous. Le premier Couvent, rue d'Enfer, eut pendant les trois jours le Très Saint-Sacrement exposé et sermon à quatre heures. Les Saluts très solennels furent chantés par la maîtrise de la Madeleine. Les fidèles vinrent en grand nombre à ces pieux exercices. Il en fut de même à l'ancien Carmel de la rue de Grenelle, aujourd'hui avenue de Saxe, dont le souvenir se retrouve si souvent dans la vie de la vénérable Servante de Dieu.

La tradition du passé s'y conserve encore toute vivante, et Madame Louise de France y est filialement vénérée. Aussi a-t-elle voulu, dans ses dernières années, donner à ce cher Carmel de Grenelle un témoignage particulier de sa puissance et de son affection par une guérison aussi inespérée que complète et durable. Le Triduum fut célébré avec toute la solennité possible. Grand'messe avec allocution tous les matins, et le dernier jour messe pontificale et allocution par Monseigneur Gay, évêque d'Anthédon, saluts en musique avec le concours du Séminaire des Missions étrangères, des R.R. P.P. Lazaristes, et des Frères de Saint-Vincent-de-Paul. Monseigneur Goux,

évêque de Versailles, voulut bien donner la béné
diction du Saint-Sacrement le premier jour;
Monseigneur de Forges, évêque de Ténarie, le
deuxième jour; Monseigneur l'archevêque de
Paris donna le salut de clôture.

Le Carmel de l'avenue de Messine eut à peu
près les mêmes exercices avec sermons et saluts
solennels. Il distribua aussi un assez grand
nombre de souvenirs de la Vénérable.

Le monastère d'Autun qui a pour Madame
Louise de France un amour très profond et tout
filial et qui partage avec celui de Saint-Denis tout
ce qui rappelle son souvenir, ne fut pas autorisé,
à cause des temps mauvais que nous traversons,
à faire solennellement les exercices du Triduum,
mais le Très Saint-Sacrement fut exposé, et dans
l'adoration silencieuse, que d'ardentes prières
montèrent vers Dieu!

Pour des motifs analogues, ou à cause de
certaines difficultés, bien des monastères ne purent célébrer, comme ils l'eussent voulu, le Centenaire de la Vénérable Louise de France, mais

un grand nombre s'unirent à ces démonstrations de confiance et d'amour par des saluts du Saint-Sacrement, des prédications, des chants pieux, des neuvaines solennelles.

De ce nombre sont les Carmels : d'Alger, de Bourges, de Carthage, de Caen, de Châlon-sur-Saône, de Gravigny, de Lourdes, de Luçon, de Nîmes, d'Orléans, de Rennes, de Rodez, de Riom, de Vinça, de Vannes.

Citons aussi le Carmel de Blois qui voulut marquer les pieuses fêtes du Centenaire par une Cérémonie de Vêture. N'était-ce pas donner à la chère Vénérable la plus douce joie qu'elle pût souhaiter que de conduire à l'autel une jeune fiancée de Notre-Seigneur pendant ces jours bénis.

La Vêture eut lieu le matin et fut faite par Monseigneur l'évêque de Blois. L'orateur, Monsieur l'abbé de Préville, commenta de la manière la plus heureuse ce texte du cantique des Cantiques « *Tota pulchra es* ». Après avoir exalté la gloire et les privilèges de la Virginité, il montra comment Notre Seigneur se plaît à cultiver cette fleur si chère à son cœur dans le parterre béni de son Eglise. Il fit les plus heureux rapprochements entre l'humble petite fleur que Jésus cueillait en ce jour et le lys si pur qui avait germé à l'ombre du trône de France, et qui se trouvaient ainsi réunis dans une même fête sous le regard des anges.

Sa Grandeur, Monseigneur l'évêque, voulut bien faire la clôture du Triduum, dire la sainte Messe et assister au Sermon et au Salut. Le Saint-Sacrement fut exposé les trois jours et les Saluts en musique furent admirablement chantés par les élèves du grand Séminaire.

Les Carmels de Douai, de Morlaix et d'Aire eurent aussi des prédications les trois jours, de beaux chants aux Saluts et un grand concours de fidèles. Il en fut de même à Nantes et à Figeac.

A Poitiers, Monseigneur l'évêque daigna honorer le Triduum de sa présence. — A Nevers, Monseigneur voulut aussi officier et le Saint-Sacrement fut exposé tout le temps. — A Besançon l'affluence des fidèles fut considérable. Le prédicateur parla en termes très éloquents des vertus de la Vénérable, appelant avec ardeur le jour où il serait permis de placer sur sa tête la couronne des bienheureux. Monseigneur officia le dernier jour.

Enfin le Carmel de Périgueux célébra très solennellement le Centenaire de Madame Louise de France. Monsieur l'abbé Marty, chanoine, ancien professeur de dogme et d'éloquence au grand Séminaire, prêcha le Triduum. Le premier jour fut marqué par une prise de voile. Tous les exercices furent honorés de la présence de Monseigneur Dubourg, protonotaire apostolique et vicaire général. Il est difficile de rendre dans une courte analyse les beaux sermons prononcés à cette occasion. Ce fut d'abord un éloquent exposé de la vie du Carmel, puis l'orateur commenta le texte : « Si le grain ne meurt après qu'il a été jeté en terre, il ne produit pas de fruit, mais s'il meurt il porte du fruit en abondance. »

Arrivant ensuite plus directement à la Véné-

rable Mère Thérèse de Saint-Augustin, il montra
comment la Béatification de Madame Louise de
France serait une consolation pour l'Église, une
gloire pour le Carmel, une protection et une
source de grâces pour la France. Enfin sur ce texte
« Elle s'est humiliée, c'est pourquoi le Seigneur l'a
exaltée », l'orateur fit un tableau très touchant
des vertus de Madame Louise, particulièrement
de son humilité et de son obéissance. Il rappela
quelques traits de son enfance, pour montrer que
ces vertus ne lui étaient pas naturelles, mais
qu'elle les avait acquises par de généreux combats sur elle-même. Enfin il termina son discours
par ces paroles qui termineront aussi ces pages :
« Je ne félicite pas le Carmel de Saint-Denis
d'avoir possédé une des plus plus grandes princesses du monde, mais je le félicite de ce que
Dieu l'a choisi pour y attirer et former une sainte
religieuse dont les héroïques vertus embaument
encore les lieux qu'elle a habités. Si elle eût ac-
cepté une alliance humaine, elle se fût peut-être
assise pour un temps sur un trône. Si elle fût

restée avec ses sœurs, il eût fallu bientôt être arrachée violemment comme elles à l'éclat de la Cour et traîner dans l'exil les derniers jours d'une vie pleine de tristesses. Pour avoir choisi la pénitence, elle jouit depuis un siècle déjà d'une gloire qui ne finira pas.

« O Dieu, dirons-nous avec la Sainte Église, vous avez merveilleusement honoré ceux qui vous aiment, vous leur avez donné une grande puissance ! Ils tressailliront dans la gloire et feront éclater leurs transports dans le lieu de leur repos ! »

Et maintenant priez pour nous, Vénérable Louise de France, sainte et auguste protectrice du Carmel, vous qui avez triomphé des combats de la vie et qui chantez au ciel vos glorieuses victoires. Obtenez-nous la grâce de mêler un jour nos voix à votre voix pour redire à jamais : « Gloire à Dieu le père, gloire à son fils unique, gloire au Saint-Esprit dans les siècles des siècles. — Amen !

BREF

De Sa Sainteté le Pape Léon XIII accordant une indulgence plénière
pour le Triduum célébré à l'occasion du premier Centenaire
de la mort de la Vénérable Mère Thérèse de Saint-Augustin,
Madame Louise de France, pour sa Béatification.

LEO P. P XIII

Universis Christi fidelibus præsentes Litteras
inspecturis salutem et Apostolicam Benedictionem.
Cum sicut nobis relatum in Ecclesia publica titulo
S. Dionysii Monialium Ordinis B. M. V. de Monte
Carmelo Parisiis solemne quoddam Triduum indic-
tum fuerit; nos ad augendam fidelium religionem
animarumque salutem cælestibus Ecclesiæ the-
sauris pia charitate intenti, omnibus et singulis
tum monialibus supradictis, tum ceteris utriusque
sexus christi fidelibus, qui triduanæ hujusmodi
supplicationi per aliquod temporis spatium quo-
tidie interfuerint et uno ex tribus hisce diebus ad
cujusque arbitrium sibi eligendo vere pænitentes
et confessi ac S. Communione refecti memoratam

Ecclesiam devote visitaverint, ibique pro Christianorum Principum concordia haeresum extirpatione. peccatorum conversione, et S. Matris Ecclesiæ exaltatione pias ad Deum preces effuderint, Plenariam omnium peccatorum suorum Indulgentiam et remissionem, quam etiam animabus christifidelium quæ Deo in charitate conjunctæ ab hac luce migraverint per modum suffragii applicare possint, misericorditer in Domino concedimus. Præsentibus unica tantum vice salituris. Datum Romæ apud S. Petrum sub annulo Piscatoris die XVII Decembris MDCCCLXXXVII Pontificatus nostri anno Decimo.

M. Card. LEDOCHOWSKI

TRADUCTION

*Du Bref de Sa Sainteté le Pape Léon XIII accordant une indul
gence plénière pour le Triduum célébré à l'occasion du pre
mier Centenaire de la mort de la Vénérable Mère Thérèse de
Saint-Augustin, Madame Louise de France, pour obtenir sa
Béatification.*

Léon XIII, Pape.

———

A tous les Fidèles qui auront connaissance des
présentes lettres, salut et Bénédiction apostolique.
Ayant été informé qu'un Triduum solennel doit
être célébré dans l'église publique des Religieuses
de l'Ordre de la B. V. Marie du Mont-Carmel, à
Saint-Denis, au diocèse de Paris, et notre amour
du salut des âmes nous rendant toujours attentif
à favoriser le progrès de la religion des fidèles,
en leur ouvrant les trésors de l'Église, nous accor-
dons aux dites Religieuses, ainsi qu'à tous les
fidèles de l'un et l'autre sexe, qui assisteront chaque
jour, pendant quelque temps, aux prières de ce
Triduum et qui, vraiment pénitents, après s'être
confessés et avoir reçu la Sainte Communion,

visiteront dévotement ladite Église en l'un des trois jours à leur choix et y prieront pieusement pour la concorde entre les princes chrétiens, l'extirpation des hérésies, la conversion des pécheurs et l'exaltation de la Sainte Église notre Mère, l'Indulgence plénière et la rémission de tous leurs péchés, avec faculté de l'appliquer par mode de suffrage aux âmes du Purgatoire. Donné à Rome auprès de Saint-Pierre, sous l'anneau du Pêcheur, le 17 décembre 1887, la dixième année de notre pontificat.

M. Cardinal Lédochowski.

SENTIMENTS

DE LA

VÉNÉRABLE MÈRE THÉRÈSE DE SAINT-AUGUSTIN

Ne nous confions pas en nos propres forces, mais uniquement en celles de Dieu.

Tout ce que Dieu voudra, quand il voudra, comme il voudra, telle doit être notre constante disposition.

Faisons toutes nos actions pour Dieu seul et de notre mieux avec une grande confiance et un grand amour.

Aucune de nos paroles, aucun de nos soupirs ne doit être sans mérite pour l'éternité.

Aimons la pénitence parce qu'elle nous obtient le pardon de nos péchés et l'amitié de Dieu que nous avons offensé.

Qu'est tout ce que nous pouvons souffrir pour marquer notre amour à celui auquel notre âme a coûté tout son sang.

Laissons faire le Seigneur, ne nous occupons qu'à le suivre, il nous conduira bien.

Je n'aurais pas cru qu'il fût si doux de mourir..... Hâtons-nous d'aller en Paradis.

(Ses dernières paroles.)

Les personnes qui auraient la pieuse pensée de contribuer aux frais de la Béatification, sont priées de vouloir bien adresser leurs offrandes au Carmel de Saint-Denis, près Paris.

DISCOURS

Prononcés dans l'ancienne Église des Carmélites de Saint-Denis

PENDANT LE TRIDUUM

CÉLÉBRÉ A L'OCCASION DU PREMIER CENTENAIRE

DE LA

VÉNÉRABLE MÈRE THÉRÈSE DE SAINT-AUGUSTIN

POUR DEMANDER SA BÉATIFICATION

ANCIENNE ÉGLISE DU CARMEL DE SAINT-DENIS

VUE DU MAITRE-AUTEL

PREMIER SERMON

PRÊCHÉ PAR SA GRANDEUR MONSEIGNEUR L'ARCHEVÊQUE DE PARIS

Mes Révérendes Mères, mes très chers Frères.

Dans le dernier entretien que Notre-Seigneur Jésus-Christ eut avec ses Apôtres, après avoir institué la sainte Eucharistie, il leur adressa cette parole : « *Non turbetur cor vestrum neque formidet,* que votre cœur ne s'effraye pas et ne se trouble pas. Je vais vous préparer une place : *Vado parare vobis locum.* Il y a, en effet, dans la maison de mon Père, beaucoup de places préparées pour ceux qui m'auront servi sur la terre *In domo*

Patris mei mansiones multæ sunt.» Et alors l'un de ses Apôtres, celui dont l'Église célèbre aujourd'hui la fête, saint Thomas l'interrogea : « Seigneur, nous ne savons pas où vous allez ; et comment pouvons-nous connaître le chemin qui y conduit, *et quomodo possumus viam scire?»* Le Sauveur répondit à son apôtre par une parole que je voudrais méditer un instant aujourd'hui avec vous : « *Ego sum via, veritas et vita,* je suis la voie, je suis la vérité, je suis la vie. »

Cette parole, mes Révérendes Mères, et mes chères Filles, ne vous convient-elle pas à vous et à nous tous, qui avons le bonheur d'appartenir à Notre-Seigneur Jésus-Christ par le saint baptême? C'est à nous tous que le Sauveur s'adresse en disant : « *Ego sum via, veritas et vita,* je suis la voie, la vérité et la vie ;» et c'est l'histoire des saints qui nous donne l'intelligence de la parole du Divin-Maître. En effet, mes bien chers Frères, notre réunion dans cette chapelle qui conserve le souvenir d'une pieuse servante de Dieu, nous aide à comprendre l'enseignement du Sauveur! Sans doute, nous ne pouvons pas encore honore a Vénérable Mère Thérèse de Saint-Augustin d'un culte public, puisque l'Église, dans sa sagesse, ne nous permet pas de rendre cet honneur aux saints avant qu'elle l'ait sanctionné par son autorité suprême. Mais nous sommes réunis pour nous entretenir des souvenirs d'une religieuse qui a vécu dans ces lieux mêmes et pour demander à Dieu qu'il veuille bien nous accorder la grâce de la voir un jour, et bientôt, s'il est possible, placée sur les autels.

La servante de Dieu, avait, elle aussi, écouté la parole du Sauveur que nous méditons ensemble : *Ego sum via, veritas et vita*, je suis la voie, je suis la vérité, je suis la vie. Nous tous qui vivons en ce monde, nous sommes des voyageurs, nous allons vers le terme que le Sauveur nous a montré, et qu'il appelle si bien la maison de notre Père : *In domo Patris mei*. Il a eu soin de nous dire que, dans cette maison, des places nombreuses étaient préparées. N'est-ce pas là, du reste, ce que l'histoire de l'Église nous fait comprendre? Les siècles s'écoulent, et chaque siècle donne de nouveaux saints au Ciel. Dieu recueille ainsi ses enfants et ses serviteurs, qui doivent être tous réunis un jour autour de lui dans la maison du grand Père de famille, *In domo Patris mei.*

Or, mes bien chers Frères, quelle est la voie que les saints ont suivie pour arriver à cette maison du Père de famille? Cette voie, Notre-Seigneur Jésus-Christ nous le dit, c'est lui-même, c'est-à-dire que les saints ont arrêté leurs regards sur Notre-Seigneur, ils ont étudié ses exemples; ils se sont efforcés de les reproduire en eux, et ils ont marché ainsi dans la véritable voie. C'est là, mes bien chers Fréres, ce que nous devons aimer à étudier dans la vie des saints. La servante de Dieu, dont le souvenir remplit ce carmel, a fait ce que les saints avaient fait avant elle. Dieu la fit naître au milieu des splendeurs humaines; il la plaça sur les marches mêmes du trône, mais elle regarda le Sauveur, choisissant la pauvreté, choisissant la souffrance, choisissant l'humiliation; et alors, elle dédaigna toutes les gloires, toutes les joies, toutes les félicités de la terre, et elle embrassa la pratique des conseils évangéliques, en prononçant dans cette maison, les trois vœux de pauvreté, de chasteté, d'obéissance. Elle était entrée dans la véritable voie, en suivant les exemples de Notre-Seigneur Jésus-Christ.

Mes bien chers frères, Notre-Seigneur ne s'est pas contenté de nous dire : « Je suis la voie, » il a ajouté encore : « Je suis la vérité, *ego sum veritas.* » C'est qu'en effet, Notre-Seigneur ne s'est pas borné à nous tracer la route que nous devions suivre, et dans laquelle les saints ont marché à sa suite, mais ses divins enseignements ont éclairé et satisfait nos âmes parce que la vérité seule peut les satisfaire.

Voyez ce qui se passe encore aujourd'hui dans le monde : ceux qui poursuivent les honneurs, les richesses, les plaisirs de la terre trouvent-ils la satisfaction de leurs âmes? Non, et la parole que saint Augustin prononçait il y a des siècles est toujours pleine de vérité : « *Inquietum est cor nostrum, Domine Deus, donec requiescat in te,* notre cœur est inquiet, il s'agite jusqu'à ce qu'il se soit reposé en vous, ô mon Dieu. » Notre âme est faite pour la vérité : si donc notre âme recherche les honneurs, les jouissances ou les plaisirs de la terre, elle peut avoir des moments d'énivrement passager, d'éblouissement rapide ; puis elle sent que toutes ces choses n'ont pas répondu à ses désirs ; ce n'était pas la vérité : c'étaient les apparences, c'était la vanité. Et au contraire, les saints qui embrassent la pratique des conseils de l'Évangile trouvent le repos du cœur, parce qu'ils ont trouvé la vérité. Il y a longtemps que saint Bernard, en méditant le mystère que nous allons célébrer bientôt, le mystère du Sauveur naissant dans la crèche, disait : « Le monde ne comprend pas la pauvreté et l'humiliation du Sauveur. Il faut que le monde soit dans l'erreur ou que Jésus-Christ se trompe. Or, Notre-Seigneur Jésus-Christ est la vérité : il ne peut pas se tromper. C'est donc le monde qui est dans le mensonge et dans l'erreur. »

Mes biens chers frères, les paroles du Sauveur, que j'aime à vous rappeler dans ce moment, avaient pénétré profondément l'âme de la servante de Dieu, et elle trouvait au Carmel le bonheur, dans le dépouillement de tout ce que les âmes mondaines rêvent comme le but suprême de

leurs désirs. Elle goûtait le bonheur de posséde
la vérité.

La troisième parole du Sauveur nous fait comprendre mieux encore, peut-être, que les deux
premières ce que sont les saints et ce qu'est le
Sauveur pour nos âmes. Notre-Seigneur n'a pas
dit seulement : « Je suis la voie, je suis la vérité.
Ego sum via, veritas. » Il a ajouté : « Je suis la
vie, *Ego sum vita.* » Quelles sont, en effet, les
âmes qui vivent véritablement? Ne sont-ce pas
les âmes qui s'unissent plus étroitement à Notre-
Seigneur par l'imitation de ses vertus et aussi par
l'adhésion de leur intelligence et de leur cœur aux
vérités qu'il a enseignées dans l'Évangile? Oui,
ce sont là véritablement les âmes qui vivent, qui
vivent de la vie divine dont nous avons reçu le
germe dans le baptême. Remarquez comment cela
se vérifie dans la personne des saints. Nous célé-
brons le centième anniversaire de la mort de la
vénérable servante de Dieu, Madame Louise de
France. Cent ans se sont écoulés; les grands per-
sonnages qui occupaient alors la scène du monde
ont disparu; on lit encore leurs noms dans l'his-

4.

toire ; y a-t-il beaucoup de personnes qui pensent à eux ? Mais parce que Madame Louise de France a échangé le nom glorieux qu'elle portait sur la terre pour celui de l'humble servante de Dieu : Thérèse de Saint-Augustin, nous nous souvenons avec bonheur qu'elle a vécu dans ces lieux ; nous l'aimons encore ; nous sentons qu'elle n'est pas morte, qu'elle vit. En elle s'est vérifiée la parole du Sauveur : *Ego sum vita.* C'est bien, en effet, le culte des saints qui nous fait comprendre cette parole. Lorsque nous remontons, par la pensée, à l'époque où ils ont vécu ; lorsque nous cherchons à nous rappeler ceux qui les entouraient sur cette terre, que trouvons-nous ? Ceux qui n'ont pas vécu de la véritable vie chrétienne ont laissé un nom qui s'efface peu à peu, et ce nom n'émeut pas nos âmes. Mais, au contraire, les saints, les saintes, dont nous honorons la mémoire, n'ont pas seulement laissé un nom béni ; nous comprenons qu'ils vivent ; nous les aimons ; nous nous recommandons à leur intercession. Nous savons qu'ils sont auprès de Dieu, et nous le sentons, pour ainsi dire, en les honorant : *Ego sum vita.*

N'est-ce pas là, mes bien chers frères, ce que nous éprouvons tous dans ce centenaire de la vénérable sœur Thérèse de Saint-Augustin. Et alors, quelle est la conclusion pratique pour chacun de nous? N'est-ce pas que nous devons vivre de plus en plus de la vie chrétienne, ou de la vie religieuse qui est la perfection de la vie chrétienne, si Dieu daigne nous appeler à la pratique des conseils évangéliques? Du reste, c'est ce que nous éprouvons même sur cette terre, lorsque nous nous approchons des âmes qui vivent davantage de la vie de Notre-Seigneur Jésus-Christ? N'est-il pas vrai que nous sentons la vie dans ces âmes, que leur présence nous fait du bien, nous fait connaître et aimer Notre-Seigneur Jésus-Christ, et plus ces âmes sont unies à Dieu, plus nous sentons la vie en elles. Ah! puissions-nous comprendre que, si nous voulons vivre de la véritable vie, il faut que nous marchions, comme les saints, dans la voie que Notre-Seigneur Jésus-Christ nous a tracée par ses exemples; il faut que nous embrassions, de toute la plénitude de notre intelligence et de notre cœur, la vérité divine qu'il nous a enseignée : « *Ego sum via, veritas et vita*. Je suis la voie, je suis la vérité, je suis la vie. »

L'apôtre auquel le Sauveur adressait cette parole s'écria, un jour, après sa résurrection, en contemplant les plaies qu'il voyait dans sa chair adorable : « *Dominus meus, et Deus meus!* Oui, vous êtes mon Seigneur et mon Dieu! » Et nous tous, mes bien chers frères, lorsque nous viendrons prier dans cette chapelle pendant ces jours bénis; lorsque nous nous agenouillerons devant Notre-Seigneur Jésus-Christ, présent au Tabernacle, disons comme l'apôtre : Oui, vous êtes mon Seigneur et mon Dieu, c'est pour vous que je veux vivre, c'est vous que je veux suivre, c'est vous que je veux croire, c'est vous que je veux aimer; et je sais qu'en vous suivant, qu'en vous croyant, qu'en vous aimant, je vivrai de la véritable vie : «*Ego sum via, veritas et vita*, Je suis la voie, la vérité et la vie.» Que la parole du divin Maître s'accomplisse pour chacun de nous dans le temps; qu'elle s'accomplisse dans l'éternité!

Sténographié par Duployé Gustave, Paris, rue de Rivoli, 36.

DEUXIÈME SERMON

PRÊCHÉ PAR LE RÉVÉREND PÈRE VALLÉE
de l'Ordre de Saint Dominique.

MES RÉVÉRENDES MÈRES, MES FRÈRES,

Nous sommes réunis pour célébrer le souvenir de la Vénérable Mère Thérèse de Saint-Augustin, pour demander à l'Église du Christ des bénédictions plus grandes encore sur sa mémoire. Cependant nous avons déjà le cœur tout joyeux, parce que l'Église, qui ne se trompe pas, qui prononce au nom du Christ Jésus, a déclaré que les vertus pratiquées par Madame Louise de France l'avaient été à un degré héroïque. Je ne vous parlerai pas, mes Frères, de la fille de nos rois ;

je ne la suivrai pas à la Cour, dans les splendeurs, incomparables encore à ce moment, du trône de France. Je vais la prendre comme Dieu lui-même l'a prise : dès le premier jour, il a voulu en faire une Carmélite, et comme sa providence est une sur nos vies, que, dès le premier instant, son action sur les âmes les prépare, même à leur insu, à comprendre et à suivre la vocation qu'il leur a faite, depuis le commencement jusqu'à la fin, c'est de la Carmélite que j'entends vous parler.

Une Carmélite (je demande pardon aux Sœurs de tout le bien que je pourrai dire des filles de sainte Thérèse ; j'y suis forcé par mon sujet), cela suppose, mes Frères, une âme particulièrement haute, parce que cela suppose une âme qui encadre sa vie dans ce que nous fuyons le plus tous et chacun. C'est un être qui, du côté de la terre, ne veut connaître que le sacrifice, et, du côté de Dieu, a toutes les énergies, toutes les ambitions d'âme, toutes les passions profondes qui font les saints.

Quand Dieu veut qu'une âme se consacre en-

tièrement à lui, il la fait grande, et le premier
battement d'ailes révèle, prophétise déjà ce qu'elle
sera plus tard. Madame Louise de France porte
le premier signe des grandes âmes : elle a *aimé*
profondément; elle a aimé quiconque l'a appro-
chée; son père qui fut la grande passion de sa vie,
depuis le jour où, le roi partant pour aller prendre
le commandement de ses armées, l'enfant disait :
« Papa Roi veut donc que nous ne dormions
plus », jusqu'à celui où elle se constituait holocauste vivant pour le sauver; sa mère qu'elle a
enveloppée de tendresse et d'attentions si profondes; les religieuses qui l'ont élevée à Fontevrault, pour lesquelles elle a été d'un respect,
d'une délicatesse si exquise, de cette délicatesse
des grands cœurs qui est toujours prête à s'af-
firmer par le sacrifice. Un jour, Madame de Sou-
langes, la religieuse qui s'occupait d'elle, tombe
malade... L'enfant, pleine de foi, va droit à Notre-
Seigneur et lui dit : « Seigneur, il faut que vous
» la guérissiez; si vous le faites, je m'engage à
» dire pendant un an entier l'office de la Provi-
» dence. » C'est peu de chose en soi, si vous

voulez; mais, cependant, ce petit être de quelques
années à peine qui vient ainsi, afin qu'il soit fait
du bien à ceux qui s'occupent d'elle, contracter
une obligation qui pèsera sur elle pendant douze
mois entiers, est-ce que cela ne vous paraît rien ?
Est-ce que cela ne vous semble pas le signe d'un
noble cœur ? — Et quand il s'agit des pauvres,
de ceux qui souffrent, comme elle leur fut com-
patissante ! Partout où elle a passé, on l'a appelée
« la bonne Princesse, » à Fontevrault comme à
Versailles et comme à Saint-Denis; peut-être y
a-t-il encore parmi vous, mes Frères, des foyers
où l'on se souvient, de père en fils, des bienfaits
qu'on reçut d'elle. Elle a donc eu le cœur grand.
Elle a eu quelque chose de plus : elle a eu des
sincérités admirables, ces sincérités que Dieu
nous demande à tous, que, certainement, il vous
a demandées plus d'une fois. Mais combien peu
savent faire à Dieu la réponse qu'il attend ! Combien manquent leur vie parce que, dès le commencement, ils se ferment à ces appels mystérieux,
personnels, de Dieu vis-à-vis d'eux! On ne veut
pas comprendre ! C'est notre grande misère à tout

âge, mes Frères. Oui, Dieu passe son éternité à
jeter certaines clartés au fond des consciences ; et
nous, nous passons notre vie à ne pas vouloir entendre. Eh bien, les âmes hautes veulent entendre,
et c'est précisément ce qui les caractérise dès
l'abord, et ce qui permet à l'action de Dieu
de devenir si triomphante en elles : c'est ainsi
qu'on prépare une âme de Carmélite. Vous savez
ces traits qu'on nous cite de son enfance. Elle
était vive : nature née pour l'action, elle avait ses
emportements. Nous nous éveillons tous dans cet
héritage que vous connaissez, avec des égoïsmes
qui menacent, des amours-propres qui font ta-
page, et souvent, n'est-il pas vrai, il y a comme
de l'agitation, parfois même de vraies tempêtes
en nos petites âmes d'enfants. C'est dans un de
ces moments-là qu'une de ses suivantes lui fit
un jour un reproche non mérité. Elle l'accusait
de je ne sais quoi. La suivante souffrait alors
d'un œil. L'enfant répondit durement : « Si vous
aviez mis vos deux yeux, vous auriez bien vu que
je ne faisais pas ce que vous me reprochez. » La
femme reprit : « J'ai assez d'un œil, Madame,

pour voir que vous êtes fort orgueilleuse. » Immédiatement l'enfant se recueille, laisse pénétrer ce mot jusqu'au fond de son âme, se ressaisit sous la vérité qu'il lui apporte, et s'écrie : « Oui, vous avez raison, c'est par orgueil que je viens de vous parler. Vous allez me pardonner, n'est-ce pas ? » Une autre fois, dans un mouvement de colère semblable, à bout d'arguments, comme ces petits êtres cabrés qui perdent pied, mais qui ne veulent pas lâcher leur caprice, elle dit violemment : « Après tout, je suis la fille de votre roi. » — Et moi, lui dit la suivante, je suis la fille de votre Dieu. » Immédiatement, sa colère s'apaise, tout son petit cœur se fond de reconnaissance, elle s'approche et dit : « Ah ! que vous avez raison, et comme je vous remercie ! que Dieu ait pitié de moi ! » Quand une âme peut connaître ces sentiments, ces loyautés contre elle-même, on peut bien dire qu'elle est déjà dans la main de Dieu. Or, l'action de Dieu se fait magnifique en ceux qui ont le courage d'être sincères contre eux-mêmes par amour pour Lui. C'est *au centuple* qu'il donne. Aussi quelques années plus tard, à l'âge de onze ans à peine, au moment de la première communion. trouvons-nous Madame Louise avec ces éveils d'âme qui ne sont donnés qu'au petit nombre. Elle a le culte de ce qu'elle appelait des « humilités réelles. » Elle ne veut pas des demi-vertus, des demi-triomphes contre elle-même. Elle a le culte aussi des sacrifices faits pour autrui. Elle sait et elle a compris que rapporter tout à soi, c'est mettre, au fond, de la pauvreté morale dans sa vie ; qu'il n'y a de grandeur vraie qu'à faire du bien autour de soi, à se faire bon et cordial pour tous, par conséquent, à faire du sacrifice, car on n'est bon qu'à ce prix ; ceux qui parlent toujours de leur cœur et qu'on ne trouve jamais prêts pour le sacrifice se font illusion ou essaient de faire illusion aux autres ; ce ne sont pas des êtres de cœur, ce ne sont pas non plus de grandes âmes. Hélas ! combien peu connaissent ce goût du sacrifice ! Combien peu se prêtent à cette action de Dieu qui veut les y appeler ! Mais ceux qui sont marqués pour la vocation religieuse doivent être comme pétris dans le sacrifice ! C'est pour cela que, dès le principe, pendant que les enfants de leur âge s'en vont à l'agitation et au mouvement, sans trop savoir où ils vont, déjà l'esprit de Dieu, qui est au fond de ces petites natures, leur a parlé intérieurement, il les force au silence, à des attentions d'âme que les autres ne soupçonnent pas, et peu à peu, il les amène à cette discipline vaillante, incessante du sacrifice compris enfin et voulu.

Pour soutenir ces assises de l'âme qui sera toute à lui, Dieu fait un autre don qui achève les préparations mystérieuses à son action, un don qui porte tous les autres, le don de prière. Nous trouvons, dès Fontevrault, Madame Louise, petite enfant, passant de longs moments à l'église. Plus les offices se prolongent, et plus elle est heureuse, et ce n'est pas parce qu'il y a des chants et des signes extérieurs de fête plus ou moins variés, c'est parce que son âme est prise par le Maître divin qui est là, au tabernacle. Elle se sent toute remuée. Elle ne sait pas bien encore ce que Dieu lui demande, mais la vie est là ; elle se sent chaque jour emportée plus puissamment du côté de Dieu ; elle se plaît à ce mouvement, elle le veut ; et ses progrès furent tels, le sens des choses divines la pénétra peu à peu si complètement, qu'au jour de sa première communion, sous la bénédiction qui venait de lui être faite, elle eut, à n'en pouvoir douter, le pressentiment de ce que Dieu voulait d'elle, elle eut l'intuition qu'il la voulait tout entière à lui. Ah ! sans doute, elle est de notre race, elle fera comme nous faisons tous ; elle tremblera d'abord sous la grâce qui la visite, j'allais dire qui la menace ; elle connaîtra ce frisson d'angoisse que le sacrifice total nous apporte tout d'abord, mais il lui sera impossible de douter de sa défaite définitive. On peut essayer de ne pas entendre, mais, tout en détournant le regard, il semble, déjà on sent bien que Dieu aura le dernier mot ; on sent bien qu'à un moment donné, corps et âme, cœur et pensée, il faudra que tout lui soit donné et que tout vive par Lui.

* * *

A l'âge de quatorze ans, elle quitte Fontevrault et elle revient à la Cour. Au fond de l'âme, je viens de vous le dire, elle est convaincue de sa vocation; mais où sera-t-elle religieuse? Sa santé est chétive. Tout-à-l'heure des crachements de sang vont commencer, et ils dureront jusqu'à son entrée au Carmel. Pendant dix-huit ans, ce sera l'inquiétude mortelle de sa mère à son sujet. Elle n'ose pas regarder du côté de ces cloîtres où tout parle si âprement au corps d'austérité. Elle s'arrête un instant à l'idée qu'elle sera religieuse de la Visitation. Mais c'est là comme une pensée vague qui flotte sur son âme, sans qu'il y ait rien de bien précisé ni de bien arrêté encore. C'est à la Cour même, en pleines séductions mondaines qu'elle va connaître où Dieu la veut. Ni les fêtes, ni les ivresses folles de ceux qui l'entourent, rien ne lui masque ce qui va devenir sa grande douleur. Elle voit qu'il y a dans l'âme de celui qu'elle ne veut pas et ne peut pas juger des choses que Dieu ne peut bénir, et qu'il faut que *l'expiation* intervienne. C'est fini à partir de ce moment; la dernière touche de la grâce divine a été reçue en plein cœur. « Moi Carmélite, et le roi tout à Dieu! » s'écrie-t-elle: ce sera désormais son cri de ralliement pour entraîner son âme à la prière et au sacrifice jusqu'à l'heure des miséricordes suprêmes sur ce père qu'elle aime tant. De temps en temps, sa mère, sa mère qu'elle vénère pour tout ce qu'elle sait d'elle, et pour toutes les douleurs qu'elle pressent, sa mère va s'enfermer au Carmel de Compiègne. Une cellule lui a été réservée; elle y entre le matin, n'en sort que le soir, ayant assisté à tous les exercices de la journée, méditations, offices, travaux, récréations; et, le soir, elle rentre près de ses filles, tout émue de ce qu'elle a vu, apaisée et fortifiée elle-même contre tout ce qui brise sa vie; elle parle à ses enfants de ce bonheur étrange des filles de sainte Thérèse, de cette paix rayonnante en plein sacrifice; et, parmi ses filles, il en est une dont le cœur tressaille en l'entendant, une dont la pensée habite assez haut pour comprendre comment, en effet, en plein sacrifice, on peut être heureuse, comment même on ne peut être heureuse que là. Si bien qu'à un moment donné, la reine, suivant du regard sa fille Louise, vient à prononcer sur elle ce mot profond : « Louise, je « ne l'aime pas seulement, je la respecte. » Et aux Carmélites elle dit : « Évidemment tôt ou tard « Louise entrera parmi vous. Mais que deviendra- « t-elle avec sa santé? » — Mes Frères, c'est le secret de Dieu, cela. Quand Dieu nous assigne une œuvre à faire, il s'engage par cela même à nous permettre d'y suffire.

Elle avait trahi son secret dès la première année de son retour à Versailles. Sortant un jour du Carmel de la rue de Grenelle où la prise d'habit de la comtesse de Rupelmonde venait d'avoir lieu, on l'avait entendue s'écrier : « Voilà comment on ravit le Ciel. » — Pendant de longues années cependant on la retint loin de ces cloîtres où toute son âme aspirait. Mais l'heure vint où il fut impossible de retarder plus longtemps la déci-

sion suprême. Il y avait dix-huit ans qu'elle était
à la Cour, dix-huit ans qu'elle était certaine de
l'appel de Dieu, et l'on n'avait pas encore osé
porter la question au roi. Enfin, le saint archevêque de Paris, Mgr de Beaumont, comprit la mission qui lui incombait : il alla trouver Louis XV.
A la révélation qui lui fut faite, le roi, nous dit-on,
pâlit affreusement et recula de deux pas ; puis il
appuya sa tête sur un fauteuil et se mit à sanglo-
ter. C'est que sa fille Louise, il le sentait bien,
l'aimait plus et autrement qu'aucun de ceux qui
l'entouraient. Sans se rendre bien compte de tout
ce qui se passait au cœur de son enfant, il se sentait enveloppé de sa tendresse et comme gardé
par elle en sécurité ; elle partie, qu'allait-il devenir?... Pourtant, comme c'était un être de foi
malgré les errements de sa vie, il dit simplement :
« Si Dieu le veut, je ne puis m'y refuser ; vous me
donnerez bien quinze jours, n'est-ce pas, pour y
réfléchir? » Et pendant ces quinze jours, le roi
ne dit pas un mot à son enfant. Seulement, tous
les soirs, au moment de la quitter, il la regardait
longtemps, et ses yeux étaient pleins de tristesse,

mais pleins d'affection aussi. Pendant tout ce
temps, comme s'il eût été jaloux d'élever son âme
à la hauteur de l'héroïsme de son enfant, aucun
des siens ne put soupçonner les déchirements de
son cœur. Le quinzième jour, Madame Louise de
France reçut la promesse écrite de son père de
la laisser entrer au Carmel quand elle le voudrait,
et deux mois après, elle était là, à Saint-Denis.
C'était le Carmel le plus pauvre qu'il y eût en
France. Vous me laisserez bien dire cela, mes
Révérendes Mères. Oui, ce fut une grande grâce
pour la fille de nos rois que de venir ainsi prendre
place humblement parmi vous, mais ce fut aussi
le salut de votre maison. Les huissiers avaient
passé, ils avaient tout saisi; Saint-Denis n'était
plus appelé dans votre ordre que la Trappe du
Carmel, tant la pauvreté y était profonde.

Je passe, mes Frères, rapidement sur les émotions de l'entrée et les fêtes splendides de la prise
d'habit pour essayer de vous dire ce que Madame
Louise va être comme religieuse!

Une religieuse, vous faites-vous bien l'idée de
ce que c'est? — C'est un être qui s'est recueill
aux pieds du Christ, qui l'a vu passer, victime
permanente, en offrande à son Père pour toute la
race humaine, qui l'a vu surtout à l'heure suprême
où il a dit tout ce qu'il portait dans l'âme pour
nous, qui l'a vu à sa croix, broyé en son âme,
broyé en son cœur et en son corps, et devant tout
ce sang qui coule, devant tout ce brisement du
cœur et de l âme, voulant comprendre, cet être a
vu qu'il y avait entre Dieu et la race humaine
tout un grand débat : il y avait, du côté de Dieu,
un amour sans fond, un amour qui l'avait amené à
cette race que nous sommes avec un besoin passionné de tout béatifier en elle, un besoin passionné
de nous associer à sa vie à Lui, aux splendeurs
intellectuelles de sa vision, aux béatitudes profondes de son cœur; c'était sa vie même qu'il

avait assignée comme but à tous nos efforts. Et
en regard de cette volonté de Dieu, il y a la
volonté des hommes qui s'est déprise de ces
grandes choses ; il y a la volonté des hommes qui
s'est repliée du côté de la terre, qui s'y est comme
ensevelie. Mais Dieu n'a pas pris son parti de
nos défaites et de nos révoltes. Dieu a continué
de nous aimer quand même ; il nous aime comme
le père du prodigue, dont il a parlé lui-même en
son Évangile ; il nous aime sans mesure ; il nous
aime quoi que nous ayons pu dire ou quoi que
nous ayons pu faire. Tant qu'un être humain est
sur terre, il est sous le coup des miséricordes
actives et sauvantes de Dieu. Entre Dieu et lui, il
y a toute la croix du Christ ; il y a ce cri puissant
qui monte du cœur du Christ à son Père, et qui
lui dit : « Mon Père, quand même, quand même,
ayez pitié d'eux ; quand même, aimez-les ! » Et
alors il y a des âmes qui comprennent que pour
elles le grand œuvre de la vie c'est de se racheter
et, comme le Christ, de racheter toutes les autres
âmes autour de soi ; qui comprennent qu'avant
tout c'est au Christ Jésus en expiation et en obla-

tion permanente pour tous et chacun qu'il faut communier; cette expiation, il faut qu'on la fasse pénétrer en soi; il faut que, par toute l'âme, par tout le cœur, par toutes les puissances du corps aussi, on soit saisi; il faut que la croix s'abatte là et qu'on la porte joyeuse, et que les épaules ne fléchissent pas, et que, sous la clarté intérieure qui montre que c'est l'œuvre des œuvres, cette croix portée ainsi, c'est l'œuvre de rachat, l'œuvre de triomphe, l'œuvre de gloire s'il en fût, on se dresse avec des énergies superbes, que rien ne brisera, et l'on s'en aille où Dieu nous attend. N'est-il pas vrai qu'au fond c'est ce que vous attendez des religieux? N'est-il pas vrai que, pour vous, ce sont des êtres à part, et que si, parfois, vous les voyez passer devant vous comme des cadavres d'où l'âme s'est retirée, où la passion du sacrifice ne vit plus, vous ne comprenez plus ces êtres qui ne signifient plus rien, et, instinctivement, vous attendez le coup de balai qui en débarrassera le monde? Mais quand vous êtes devant le vrai religieux, d'où que vous veniez, quoi que vous ayez fait de votre vie, vous êtes émus profondément. Les sincérités natives que Dieu avait mises en vous vous avertissent pour une seconde au moins qu'il faut vous recueillir et que ce sera pour vous un honneur de comprendre.

— Donc une religieuse doit être une sacrifiée, un être qui vit d'immolation comme Jésus-Christ lui-même en a vécu.

Et comment ce sacrifice s'accomplira-t-il? C'est bien simple : par l'obéissance. Il y a, dans les couvents, une règle, une règle qui saisit toute la vie et devant laquelle il n'y a qu'à s'incliner; s'il y a des points où la règle écrite est muette, n'a pas parlé à temps, il y a une règle parlée, incarnée dans une prieure, et, la prieure formulant, cela devient sacré comme la loi écrite : c'est la *volonté de Dieu* qui nous a été exprimée. La règle, au fond, mes Frères, elle est née, dans l'âme des fondateurs, des grands patriarches, d'un saint Dominique, d'une sainte Thérèse, elle est née d'une inspiration directe de Dieu; elle est née des grands éveils de ces âmes sous la grâce divine, et de la grande sincérité qu'elles apportaient à y répondre. La règle, c'est ce que toutes les âmes saintes, le long des siècles, ont transmis à ceux qui venaient leur survivre. La règle, encore une fois, c'est positivement la volonté de Dieu. C'est pour cela que, dans les couvents, les religieux qui méritent ce nom sont, devant leur règle, comme un chrétien, qui mérite ce nom aussi, est devant le Livre Saint. C'est bien l'esprit de Dieu qui parle, et l'on ne fait pas de distinction entre les grandes choses et les petites choses. Il n'y a rien de petit, parce que c'est Dieu qui parle et que, quand Dieu parle, c'est pour faire de la vie, c'est pour accroître le flot de vie en l'âme. Par conséquent, choses petites ou choses grandes, c'est une source de vie qui est là tout près de nous, et à laquelle il nous faut communier. Qui vous dira, mes Frères, la passion de la mère Thérèse de Saint-Augustin (c'est bien ainsi qu'il faut l'appeler désormais) pour la règle du Carmel! avec quel entrain, quelle gaieté vaillante aussi elle s'est jetée comme à plein collier dans cette règle! Il y eut, au commencement, tant il y avait d'écart, même pour des religieuses habituées à toutes les miséricordes de Dieu, entre sa vie d'hier et sa vie d'aujourd'hui, il y eut comme une sorte de conjuration dans le couvent pour lui masquer telle ou telle observance, mais elle devina bien ce qu'on lui cachait. Elle était venue pour être Carmélite et pour l'être en tout. C'est l'un des mots qu'elle aimera le plus à répéter aux âmes qui plus tard lui seront confiées : « Il faut être Carmélite en tout. » C'est pour cela que, ne sachant pas bien si elle avait tout deviné, elle supplia la prieure de lui donner ce qu'on appelle, au Carmel, un ange, une sœur chargée de l'initier, chargée de lui apprendre tous les détails de cette vie de sacrifice ; et alors commença entre elle et la mère Julie de Mac-Mahon une intimité comme il devrait y en avoir toujours entre des âmes chrétiennes, une intimité où l'on n'hésita jamais à se dire mutuellement la vérité. Elle fut implacable, la mère Julie, mais comme on l'en remerciait ! et comme elles s'aimèrent toutes deux ! Lorsque la mère Julie, devenue prieure, mourait, deux ans avant la mère Thérèse de Saint-Augustin, devant cette amie de la première heure, en pleine sérénité, en pleine action de grâce à Dieu, il y eut pourtant comme une sorte de déchirement douloureux au cœur de la mourante : « Il m'a fallu une demi-heure, dit-elle, pour faire mon sacrifice. » Et la mère Louise de France, qui lui succéda comme prieure, disait : « Il lui a fallu une demi-heure à elle, et, à moi, il me faudra ma vie tout entière. »

Elle fut donc passionnée pour toutes les observances et surtout pour les plus humbles : balayer un corridor, allumer les lampes, sonner les cloches pour appeler au chœur, aider aux travaux de la cuisine. Vous savez tous l'histoire de la robe rose si imprudemment compromise. Un jour (elle avait si peu mis les pieds dans les cuisines de Versailles !), elle voulut accompagner les sœurs et travailler avec elles. Chacune eut vite fait son lot ; il ne restait qu'un chaudron tout noir au dehors, comme tous les chaudrons du monde, et, ne sachant pas comment on s'y prenait, la postulante, car elle était postulante encore, puisqu'elle était en robe de taffetas rose, se jeta à l'action avec une énergie telle qu'elle ne vit pas qu'au bout d'un certain temps d'efforts, si le chaudron, éblouissant au dedans, était resté noir au dehors, la robe, hélas !

n'était plus rose ! On a gardé, mes Frères, cette robe comme une relique ; on a bien fait.

Elle eut donc le goût de l'humilité, le goût des petites observances. Elle eut aussi la passion des grandes. Elle voulut que son lit fût sévère comme la pauvre couche des autres sœurs ; elle voulut connaître toutes les austérités de la table du Carmel, et avec quel entrain et quel héroïsme ! Sur ce point on l'avait trouvée difficile à la Cour ; « Il n'était pas commode de la contenter, » disaient ses gens. Quand elle fut Carmélite, il devint habituel dans la maison de Saint-Denis, — je ne puis pas vous dire sur quels faits cela s'appuyait, je craindrais d'effrayer non seulement vos oreilles, mais vos goûts les plus délicats ; ce qu'elle fit de sacrifices sur ce point est vraiment incroyable, — il devint habituel de dire, quand on se trouvait en face de quelque chose de particulièrement mauvais ; « Oh ! la mère Thérèse de Saint-Augustin elle-même n'en pourrait pas manger ! » — Il y avait un point, mes Frères, où ses forces physiques succombaient à la tâche. Il est de coutume, au Carmel, de faire son oraison à genoux, longtemps, sans appui, et cette poitrine faible que je vous ai dite faisait que la pauvre novice défaillait sous cette longue prolongation de la prière à genoux. Ne croyez pas qu'elle va céder. Elle est venue au Carmel, elle a cru à la vertu de Dieu : c'est donc affaire à Dieu maintenant ; et, bravement, elle fait une neuvaine, elle somme Dieu, en quelque sorte, de tenir sa parole, puisque, elle, elle a tenu la sienne, puisqu'elle a répondu à ce qui lui était demandé ; et, chose étrange, jusqu'à sa mort elle put, à partir de la fin de sa neuvaine, faire son oraison à genoux sans jamais en souffrir..., du moins elle le disait.

A côté de ces pénitences de la règle, elle en voulut d'autres encore. Elle était de ces braves cœurs qui savent qu'il faut vouloir au delà si l'on veut atteindre le but. Dans un coin du monastère de Saint-Denis, on voyait après sa mort une chambre dont les murs étaient tout teints de sang. C'était le sang qu'elle s'était arraché des épaules par des disciplines impitoyables. — Pourquoi, me direz-vous, ce sang versé ? — Eh ! pourquoi, vous dirai-je, le sang du Calvaire ? Comment ! ne sentez-

vous pas que cette âme-là n'oublie rien? ne sentez-vous pas que du fond de sa cellule, elle pense
à celui qui est là-bas, et qui fait pleurer les anges
de Dieu? ne sentez-vous pas que sa pensée enveloppe et Versailles entier, et la France entière, qui
meurt, en ce moment, parce que la foi s'est retirée
d'elle, parce qu'il y a nombre de cœurs qui ont
apostasié, nombre de volontés qui ont tout trahi !
Elle n'en prend pas son parti, cette fille de France,
et comme jadis ses aïeux s'étaient jetés sur tous les
champs de bataille, l'épée au poing, afin de maintenir haut et ferme l'honneur et la gloire de la
France, pour la faire glorieuse entre toutes, cette
France tant aimée, elle aussi, sur ce champ de
bataille mystérieux où, au fond, ce sont nos des-
tinées qui s'agitent bien plus que dans la mêlée
des combats, elle sera là à côté du Maître divin,
répondant au sang par le sang, aux cris de son
cœur par des cris semblables, aimant avec la
même passion, aimant avec le même besoin de
sacrifice, se reposant dans le sacrifice comme le
Maître divin s'y était reposé.

Et qui peut la soutenir dans cet héroïsme? Ah!

mes Frères, nous voici en face du Saint des Saints. Ce qui soutient la Carmélite en cette vie d'immolation, c'est ce don suprême qui semble être, depuis que sainte Thérèse nous a raconté sa vie intime, le don particulier de Dieu sur les Filles du Carmel : c'est le don d'oraison. L'oraison ! rien ne grandit, rien ne s'affermit dans l'âme que par elle : c'est elle qui nous arme de sincérité contre nous-mêmes, et qui crée en nous peu à peu le goût, la passion des choses de Dieu. « Il faut prier sans cesse, » a dit Notre-Seigneur. Il ne s'agit pas seulement de la prière vocale se traduisant en formules toujours les mêmes. Il s'agit de la prière intérieure, de la prière de contemplation qui tient l'âme aux pieds du Christ, recueillie, pleine de foi, tout affamée de comprendre. Ce fut la prière incessante, mais pour Lui dans la pleine vision, du Christ Jésus à son Père. Grâce aux clartés faites par lui, c'est devenu la prière des saints. C'est en elle que l'Évangile résume toute l'âme de la Mère du Christ ; c'est elle qu'ont connue les apôtres ; c'est elle que tout le long des siècles ont faite tous les saints. Au commencement l'âme ne sait comment prier, « *nam quid oremus sicut oportet nescimus*[1] », — puis peu à peu l'esprit du Christ la pénètre, l'illumine intérieurement, l'emmène en ces profondeurs où l'on salue tout ce dont Jésus-Christ a parlé : Dieu Père, Dieu Verbe, Dieu Esprit, — où l'on salue le Dieu qui a créé les mondes et qui les gouverne, le Dieu qui a aimé jusqu'à s'incarner; où on le voit, comme saint Jean, passer dans la « plénitude de grâce et de vérité », passer dans la « gloire de l'unique engendré du Père. » Et de peur que le vertige ne prenne à ces hauteurs mystérieuses, nous trouvons tout près de nous le contrôle vivant de toutes ces gloires dans les créations réalisées en l'âme des saints. Porté ainsi par ces révélations profondes du Christ, et par les réalités surhumaines qui les incarnent en quelque sorte sous nos regards, l'âme se sent comme soulevée au-dessus d'elle-même, elle entre en cette passion pour la gloire de Dieu et le salut de tous qui fut celle du Christ, et, comme conséquence, elle bénit la loi d'expiation tant redoutée jusque-là, et s'y tient

[1] *Sancti Pauli ad Rom.*, VIII, 26.

inébranlable et ferme jusqu'à l'héroïsme, ainsi que je vous ai montré tout à l'heure la mère Thérèse de Saint-Augustin.

*
* *
*

Au bout de dix-huit mois de cette vie, elle prononçait ses vœux perpétuels, et le lendemain elle était nommée Maîtresse des novices. Pourquoi si tôt, me direz-vous ? A peine formée et déjà mise en demeure de former les autres ! Croyez-vous, mes Frères, que, dans une communauté, on ne sache pas que la formation des novices est la chose grave entre toutes ? Songez bien que c'est tout l'avenir qui est là. Cette tradition reçue de l'âme de Thérèse et des saintes qui l'ont continuée, il faut qu'elle passe toute vive en l'âme de ces nouvelles venues ; il faut qu'elle soit comprise en son intégrité et acceptée aussi en son intégrité. Il semblerait donc qu'on eût mieux fait de choisir une des mères les plus anciennes. Celle qu'il fallait choisir, mes Pères, c'était l'âme la mieux préparée par la grâce et la vertu de Dieu. Eh bien, il y a depuis longtemps une préparation toute spéciale dans l'âme de la mère Thérèse de Saint-Augustin. Elle a le don, si rare, de discerner les esprits, le don de comprendre tout ce que porte tel ou tel être qui passe près d'elle. A la Cour, elle faisait déjà cette prière à Dieu : « Donnez-« moi, ô mon Dieu, l'art d'étudier les caractères, « de les connaître, de peur d'irriter le mal en « voulant le guérir. » Il faut, en effet, à quiconque veut agir sur autrui, ce don sans lequel aucun bien ne se fait : il faut savoir lire en une âme tout ce qu'elle porte de possibilités pour le bien ; sinon on marche à tâtons : c'est l'aveugle qui conduit un aveugle..., à quoi voulez-vous qu'on aboutisse ? Quand une novice arrive, peu importe d'où elle vient ; il importe peu qu'elle ait un grand nom, une grande fortune, et qu'elle soit patronnée par les puissants de la terre ? Avant tout, il faut qu'elle puisse s'encadrer dans e milieu qui est là, qu'elle veut faire sien ; il faut que, demain, son âme s'harmonise avec les autres. Eût-elle tous les dons, tous les talents du monde, si, quand elle sera mise en contact, il n'y a qu'opposition et difficultés entre elle et ses sœurs, évidemment elle n'a rien à faire en un tel milieu. Par contre, si, malgré ces blessures trop réelles que l'égoïsme ou l'amour-propre nous font, sa nature promet, à un moment donné, de se discipliner, de se laisser saisir, de se fondre, en quelque sorte, harmoniquement avec les âmes près desquelles elle entend passer sa vie, il faut lui donner crédit ; c'est bien Dieu qui l'envoie. La première qualité d'une maîtresse des novices est donc de savoir discerner qui doit venir et qui ne doit pas venir, qui doit être gardée et qui doit être rejetée. Eh bien, c'est là précisément le don que les mères du Carmel de Saint-Denis avaient remarqué en l'âme de la nouvelle professe.

La postulante acceptée, quelle sera l'action d'une maîtresse des novices ?

Avant tout, il faut maintenir... maintenir le feu sacré, faire que la tradition des saints ne périclite pas ; faire, si c'est possible, qu'elle grandisse

encore sous la poussée de la grâce divine, d'une
part, et sous l'exemple splendide, entraînant des
grandes âmes qui, depuis des siècles, ont vécu
sous la même règle. Assurément, sur ce point, le
rôle de la maîtresse des novices est capital. Tout
groupe humain subit la forme de celui qui le gouverne. Un régiment, par exemple, vaudra toujours
ce que vaut son chef; si le chef a l'âme haute, le
cœur grand, s'il connaît bien la valeur propre de
son arme, les coups redoutables que, le moment
venu, elle peut frapper, s'il connaît la tradition et
la veut respectée; surtout s'il croit à ses hommes,
à ce que chacun d'eux peut réaliser de courage,
de discipline, d'héroïsme au besoin, si toute son
action tend à ce but, il se fait entre son âme et
l'âme de tous je ne sais quelle communion profonde; sa foi les pénètre, le feu sacré court de son
cœur à leur cœur, et bientôt toute cette masse
d'hommes, hier inconsciente de tant de grandes
choses, se trouve debout pour l'action et prête à
tout ce qu'on lui demandera. Eh bien! mes Frères,
un couvent du Carmel, c'est quelque chose de semblable : c'est un ensemble d'âmes appelées des

quatre coins de l'horizon par Dieu, pour faire aussi
de grandes et vaillantes choses: Dieu les veut
héroïques; il les veut saintes; il veut que tout en
elles soit pénétré de sa vertu et que lorsqu'on les
approche on soit ému comme si lui-même passait
visiblement. Quelle responsabilité formidable pour
celle qui va présider à la formation des nouvelles
recrues! Il y a tant de sève en ces jeunes âmes,
tant d'élan, un si profond besoin de crier leur
merci à Dieu, comme un souffle héroïque qui rend
tout facile. Ah! ces premiers enthousiasmes, c'est
eux qui donnent leur empreinte au reste de la vie;
jusqu'aux dernières heures, on en garde le rayonnement en toute son âme. Eh bien, c'est tout cela
qui est confié à la maîtresse des novices. Il faut
jeter ces âmes à l'action généreuse, passionnée,
mais en même temps il faut leur apprendre la
mesure, cette condition première des choses qui
veulent durer. Quel jugement ferme et quelle âme
ardente cela suppose! Quelle netteté, quelle vaillance d'allures, et aussi quelle prudence achevée!
C'est par l'exemple d'abord, c'est en payant de sa
personne qu'il lui faut exercer son action. A elle

d'incarner la règle dans toute sa rigueur et de passer devant ses filles la première en toutes choses, la première à l'office, à l'oraison, aux pénitences, au travail, au dévouement pour ses sœurs, la première en ce besoin de couvrir le monde de sa prière et de ses sacrifices qui est la passion maîtresse du Carmel. Or, c'est bien ce que fut toujours la mère Thérèse de Saint-Augustin. Son rêve était de faire oublier qu'elle était fille du roi; mais, malgré elle, elle s'en souvenait et c'était royalement qu'elle menait sa vie de Carmélite, vaillante, sincère, la première en tout.

Il faut encore à une maîtresse des novices ce je ne sais quoi qui ouvre les âmes; ce don de franchise, je dirai, qui fait qu'on vient à vous en sécurité, que l'âme s'ouvre comme tout spontanément, sûre d'être comprise, et sûre que le mot qui va venir sera un mot ami, un mot qui portera du secours, un mot qui fera de la vie. Ce don, elle l'avait à un degré merveilleux. Elle avait le don d'entendre et le don non moins grand de parler. Aussi ses novices l'aimaient-elles profondément, et toutes avaient une confiance absolue, filiale vis-à-vis d'elle. Et comment ne l'eussent-elles pas aimée? A côté de sa vigueur elle avait des tendresses si maternelles! Quand elles étaient malades, tout le temps libre de ses journées leur était consacré; à cinq ou six reprises, on la voyait venir à l'infir- merie, réclamant comme un bénéfice de sa situa- tion le droit de leur donner ses soins. La nuit la retrouvait près d'elles encore. Dans l'hiver, Dieu sait si elle souffrait du froid elle-même dans ces cellules du Carmel qui n'ont jamais vu de feu! (Il y a une lettre où elle raconte ce que fut cette épreuve pour elle, ce que ses pauvres mains cre- vassées la faisaient souffrir, et, bien qu'elle en sourie, cela fait vraiment pitié!) Elle se levait la nuit et elle allait voir si ses chères novices étaient suffisamment couvertes et, comme une mère, elle bordait elle-même leur lit. Oui, vaillante au sacri- fice et voulant que ses filles en comprissent la beauté, mais maternelle aussi, mais aimante comme les grands et braves cœurs savent aimer!

Elle avait enfin ce qui achève tout, je dirai, dans l'âme d'une maîtresse des novices : elle avait le sens des miséricordes de Dieu. Mes Frères, quan

6.

on arrive du monde, on porte en soi des énergies, des richesses d'âme, une sève étrange qui ne demande qu'à s'activer sous toutes les formes où Dieu le voudra, mais il y a toujours un écart entre ce que l'on fait et ce que l'on aspirait à faire, et, parfois, la pensée retombe sur elle-même, comme angoissée devant le peu de résultats obtenus, et peu à peu, il y a comme une sorte d'inquiétude qui prend l'âme; on dirait que la peur de Dieu la menace; on dirait que ces êtres qui se sont levés pour être tout à lui, au lieu de s'épanouir dans la confiance, dans l'abandon filial, vont, tout à coup, vivre sous les angoisses où les coupables eux-mêmes ne sont pas toujours. Parfois aussi le passé se dresse, peu grave en soi peut-être, mais, sous l'émotion de l'âme, tout prend des proportions énormes, presque tragiques. Que vont-elles devenir? qui va leur dire le mot dont elles ont besoin? qui va leur rendre la paix? L'amour, la miséricorde infinie de Dieu, c'est la science des sciences pour tout chrétien, nous dit saint Paul; pour une maîtresse des novices, c'est la science indispensable. Il faut qu'elle la possède assez, pour en

parler avec cet accent qui *crée* dans l'âme de ceux
qui entendent..., oui, il faut les pétrir. ces jeunes
âmes, de cette idée, de cette idée vécue, expéri-
mentée longuement, que Dieu est un être bon ; que
Dieu est plein de paternité ; que Dieu, avant tout,
est un être qui aime et ne sait qu'aimer. Il faut
leur montrer que ce qui fait leur angoisse est précisément le signe que Dieu est à l'action en elles.
S'il n'y avait pas ces rêves superbes, ces éveils
plus généreux d'une âme qui entend habiter les
hauteurs et s'y fixer, elles s'endormiraient dans
les défaillances qu'elles déplorent, et tout serait
dit. C'est précisément parce que Dieu est déjà à
l'œuvre, c'est parce qu'il les tient tout entières,
c'est parce que, jour par jour, les transformations
commencées vont s'achevant et se consommant,
c'est pour cela qu'elles souffrent. Mais si on ne
le leur dit pas ; si on les laisse dans les demi-ténè-
bres qui les tiennent, que vont-elles devenir ?
Peut-être, car enfin elles ont vingt ans, ces enfants,
peut-être l'âme va-t-elle fléchir sous l'épreuve,
peut-être la volonté va-t-elle désespérer, peut-être
va-t-on se reprendre et s'en retourner à ce qu'on

avait quitté! Mes Frères, quand une maîtresse des
novices tient son âme à la hauteur de l'œuvre qui
lui est confiée, de telles choses n'arrivent jamais!
Eh bien, cela n'arriva jamais sous la direction
de la maîtresse des novices Thérèse de Saint-
Augustin.

Aussi, quelles joies en son âme quand sonnait
l'heure de la « veillée des armes », cette dernière
nuit qu'il est de coutume, au Carmel, de passer en
adoration au pied du Tabernacle, à la veille de la
profession. Même malade, elle ne voulut jamais
céder à personne l'honneur d'assister ses filles
bien-aimées. Qui mieux qu'elle eût pu se faire leur
témoin près du Divin fiancé?

*
* *
*

Il y avait deux ans qu'elle était maîtresse des
novices, deux ans qu'elle révélait les qualités maî-
tresses de ceux qui sont nés pour commander,
quand, par un vote unanime des sœurs, elle fut élue
Prieure du Carmel de Saint-Denis.

Que faut-il pour être prieure? Il faut savoir commander, mes Frères, tout simplement. Cela paraît facile : de nos jours, tout le monde est prêt à prendre le gouvernement, soit du pays, soit d'un groupe quelconque. Nous n'avons jamais eu tant de gouvernants disponibles, mais nous n'avons peut-être jamais vu au pouvoir tant d'inconscients. C'est que le don de commander est un don rare entre tous. Cela ne dépend pas d'un vote de majorité, pas plus que d'un décret bien en règle; cela naît de la personnalité même qu'on incarne en soi; cela tient à l'âme qu'on porte en soi. Pour commander, il faut d'abord une volonté maîtresse d'elle-même, une volonté qui n'ait pas peur de l'obstacle, qui ne s'en émeuve pas, qui ne tremble pas sous l'assaut de l'ennemi; il faut une volonté qui ne prenne pas son parti des défaillances survenues autour d'elle, qui entre en action de suite, afin de relever et de maintenir haut les cœurs, une volonté si puissante qu'elle n'ait pas besoin de se formuler en quelque sorte; tous la devinent et s'appuient sur elle. Un supérieur qui aurait besoin de parler beaucoup serait perdu. Il faut donc de la volonté, mais il faut que cette volonté soit gouvernée par une intelligence élevée. Songez bien que les âmes ne sont venues là que parce que la grâce du Christ les a visitées. C'est dans un cadre surnaturel que l'on s'active. Si riche s'est faite la bénédiction de Dieu, qu'il faut que ce soit comme en plein ciel que toute la vie se déroule. Il faut, par conséquent, que toute action de celui qui commande fasse souvenir de la grâce et de la miséricorde de Dieu qui est sur chacun, et demande à chacun de répondre autant qu'il lui a été donné. Si vous ne savez pas cela, si vous n'avez pas le courage de vous maintenir à ces hauteurs, que sera votre gouvernement? Vous me direz : j'attends que les bonnes volontés, auxquelles je crois, s'éveillent autour de moi. — Vous attendez que les bonnes volontés s'éveillent? Vous attendez qu'elles ne fléchissent pas? — Mais si elles fléchissent? ou si elles ne s'éveillent pas?... Est-ce que le pouvoir vous est confié pour que vous vous croisiez les bras et attendiez? Est-ce que vous ne sentez pas qu'il faut être à l'action toujours et faire comprendre, autour de vous, que vous ne laisserez rien diminuer, rien abaisser de la grande et sainte tradition que vous avez reçue et que vous avez mission de garder intacte?

Mais en même temps que cette intelligence du cadre surnaturel où se meuvent les âmes qui lui sont confiées, et la volonté absolue de les y maintenir, il faut au supérieur une charité profonde, cette charité des Saints, puisée au cœur de Dieu, qui ne veut pas de la défaillance, et qui, pourtant, a des façons de le dire qui ne sont ni brusques, ni violentes, ni inopportunes; une charité qui ne secoue jamais les pauvres amours-propres en souffrance; qui arrive pleine de compatissance, comme fut Jésus-Christ lui-même; qui arrive pleine de bonté, pleine de tendresse maternelle, qui aborde les âmes avec respect et leur montre qu'avant tout, ce qui fait agir, c'est la foi qu'on a en elles, c'est la foi en la miséricorde de Dieu qui est sur elles, c'est pour les grandir, c'est pour les maintenir en la grâce qui leur fut faite, c'est parce qu'on les aime qu'on veut tant de choses d'elles. Ah! même au fond des couvents, sait-on toujours vouloir, penser, aimer ainsi?... Il faut que cette

charité soit mêlée 'd'un peu de patience et sache
donner parfois un peu de crédit à certaines natures, qui ne sont pas encore assez conscientes
d'elles-mêmes, tout en étant marquées du sceau
des grandes âmes et des âmes saintes. Vous
savez, cette novice dont on venait dire à la mère
Thérèse de Saint-Augustin : « Voyez donc comme
elle est légère, comme elle comprend peu la gravité
de ses manquements à la Règle. » Et la mère
Thérèse répondait : « Laissez, laissez, c'est un
papillon du bon Dieu. Quand il aura brulé ses
ailes au feu sacré de la Charité divine, vous verrez. » Et en effet, ce fut l'une des grandes religieuses de son temps. La Mère avait pressenti la
race des grandes âmes en cette âme inconsciente
encore, et qui, demain, devait tant donner à Dieu.
Il faut donc ces patiences, mais des patiences qui
ne soient jamais une trahison. Il faut enfin, je
dirai, quelque chose de plus et qui achève tout en
l'âme des supérieurs : il faut du désintéressement.
Les désintéressés font de nous ce qu'ils veulent.
L'honneur de Dieu et la passion des âmes les
tiennent tout entiers ; comment résister à ce qui

vient de si haut? Ce jour-là, on peut bien dire que
tout est consommé dans la vertu de Dieu; on peut
bien dire : Heureuse et trois fois heureuse la communauté qui a trouvé une âme de cette trempe pour
la mettre à sa tête ! — Or, c'est bien une âme semblable que les mères du Carmel mirent à leur tête
en nommant la mère Thérèse de Saint-Augustin.
Toutes ces conditions du pouvoir, c'est en lisant sa
vie que je les ai formulées l'une après l'autre. Auss
jamais peut-être il n'y eut, en aucun couvent, des
heures plus belles que celles que connut alors la
communauté de Saint-Denis ; jamais la passion de
la Règle, jamais le culte du silence, de l'oraison,
de la vie austère, de la charité mutuelle, jamais
le besoin de prier, de souffrir et de couvrir le
monde par ce zèle apostolique dévorant que voulait sainte Thérèse en ses filles, jamais tout cela
n'éclata plus puissant, plus souverain en un couvent du Carmel qu'en celui de Saint-Denis, au
temps de la mère Thérèse de Saint-Augustin. Elle
fut naturellement maintenue en charge à la fin de
ses trois ans. Je ne vous ferai pas l'histoire de ce
second priorat ; ce fut toujours la même netteté

7

d'action et de direction, et ce furent toujours en toutes les âmes les mêmes vertus. Au bout de six ans, on voulait la renommer encore. On parlait d'aller au Pape et d'en obtenir un bref qui suspendît, sa vie durant, le point de la constitution du Carmel qui ne veut pas de ces réélections sans fin. Elle était venue pour être « carmélite en tout » ; elle leur dit avec un accent qui les arrêta : « Si vous faites cela, j'irai prier Dieu de me faire « mourir, car je ne veux pas qu'à mon sujet une « seule de nos règles soit atteinte ; je ne veux ni « d'un tel préjudice pour la communauté, ni d'un « tel scandale pour le public. » Et c'était si vrai, ce cri de son âme, ce besoin de rentrer dans le rang, ce besoin d'être ce que la règle du Carmel voulait, que les sœurs comprirent et lui donnèrent une remplaçante. Ce fut son autre elle-même, la mère Julie de Mac-Mahon qui fut élue. Mais elle ne cessa pas pour cela d'agir pour le bien de son ordre autour d'elle. A ce moment, une grande crise s'ouvrait pour les Carmels de Flandre ; une persécution semblable à celle que nous avons dû subir il y a quelques années allait s'abattre sur

eux. De par l'empereur d'Autriche, ordre fut
donné de fermer tous les couvents cloîtrés. Alors
la mère Thérèse de Saint-Augustin, sachant ce que
c'est que de s'être donnée à Dieu, comprenant que
« quand on s'est fait moine, on s'est fait moine jusqu'au cou, » comme le disait le Père Lacordaire, et
comme l'ont toujours dit les âmes des saints ; que,
quand on s'est fiancée au Christ Jésus, quand on
s'est donnée à lui, c'est jusqu'à la mort et jusqu'à
l'éternité, se dit : Avant tout, ce qu'il faut trouver
pour ces âmes qui vont connaître cette grande
douleur, c'est une maison du Carmel qui s'ouvre
et les recueille. Elle offrit de nombreuses places
en son Carmel de Saint-Denis et créa des pen-
sions en d'autres Carmels de France pour que les
persécutées pussent s'y réfugier. Certaines sœurs
de Flandre n'eurent pas le courage de sacrifier
ainsi, non seulement leur famille déjà quittée,
mais leur patrie. Peut-être, mes Frères, ces âmes-
là connurent-elles ce que certains ont connu
en ces dernières années ; les portes du couvent étant brisées, pourquoi ne pas se laisser
reprendre par la famille, par les amis, par ces

lignes de vie, oh! qui seront graves toujours, mais enfin où il y aura peut-être un peu plus de repos humain, où il n'y aura plus cette pression incessante de la règle écrite ou de la règle parlée? Devant ces défaillances, mes Frères, devant ces trahisons du Christ, il faut bien appeler les choses par leur nom, la mère Thérèse de Saint-Augustin n'en put prendre son parti, et je ne crois pas qu'il y ait jamais eu de douleur plus vive en son âme que celle qu'elle connut pendant ces longs mois; et pour la comprendre, je fais appel à un souvenir personnel. Je me rappelle qu'en 1861, quelques mois avant sa mort, nous vîmes un jour arriver au noviciat le Père Lacordaire. Il nous réunit au chapitre et il commença son discours ainsi, avec un accent de gravité saisissante : « Deux amours ont bâti deux cités : l'amour de la terre, la cité de la terre; l'amour du Christ, la cité d'en haut. » Et alors il nous dit ce qui venait de se passer en nos rangs : un religieux s'était repris, était parti, oh! mon Dieu, pour mener une vie honnête de prêtre, mais enfin il avait fléchi; il était rentré dans ce monde qu'il avait

quitté depuis plusieurs années ; il était parti comme
inconscient de ce qu'il accomplissait là ! Et l'âme
du Père Lacordaire, secouée par cette trahison
envers Celui qui était toute sa passion, eut alors
des cris si déchirants, si fiers, je dirai si sauvages
de passion divine, que nous en étions tous remués
jusqu'au fond, et nos anciens, qui l'avaient entendu jadis à Notre-Dame, nous disaient en sortant : Jamais, jamais il n'a eu des accents semblables ! C'est que jamais, mes Frères, jamais son
âme n'avait été atteinte à ce degré ; c'est que
jamais son cœur n'avait saigné des larmes plus
vraies ; c'est que c'était bien le sang du cœur qui
coulait à ce moment-là, devant cet être humain,
glorifié par le Christ, enveloppé de miséricorde
par le Christ, pénétré, pétri pendant des années
de tout ce que le Christ nous met dans l'âme, et
qui ne savait plus comprendre, qui ne comprenait
plus que c'est jusqu'à la mort et jusqu'à l'éternité
qu'il faut mener la vie à laquelle le Christ Jésus
nous a appelés.

Ce fut pendant son premier priorat qu'elle reçut
de Dieu la grâce que tous ces sacrifices appelaient
et qui devait être la grande bénédiction et la
grande joie de sa vie. Au mois d'avril 1774, le roi
fut pris d'une fièvre violente. Bientôt tous les
symptômes de la petite vérole éclatèrent. Le
palais semblait envahi tout entier par la contagion : plus de cinquante personnes furent frappées.
Bientôt la situation du roi fut désespérée. C'était
la mort, cette heure, grave entre toutes, où la
miséricorde et la justice se disputent nos âmes en
un combat suprême. Le roi a pour lui la foi profonde qui lui a fait élever ses enfants à l'abbaye
de Fontevrault, afin de les soustraire aux influences
de sa Cour, la foi qui lui a fait consentir au départ pour le Carmel de la fille aimée entre toutes,
la foi qui lui fit passer depuis quatre ans des
heures si émues dans la pauvre cellule de son
enfant, la foi qui le faisait naguère descendre de

carrosse et suivre à pied un prêtre qui portait à un malade la Sainte Communion. — Mais, il y a dans sa vie tant d'autres heures profanées, tant de scandales, tant de hontes publiques! Et c'est une loi qu'à cette heure suprême on moissonne ce qu'on a semé. On s'est créé un milieu fatal où toutes les âmes sont amoindries, où le sens des choses divines est oblitéré... Qui va parler au moribond? qui va lui dire qu'il est temps? qui va lui parler de Dieu? et si on lui en parle, qui aura cet accent capable de ressusciter la foi dans le cœur de Dieu? qui fera croire au pardon?

Mes Frères, depuis longtemps la justice de Dieu est tenue en échec et la miséricorde maintenue à l'œuvre vis-à-vis de l'âme du roi. Entre Dieu et lui, il y a le sacrifice de son enfant, il y a la prière, les larmes, le sang de l'humble Carmélite. Prières, et larmes, et sang qu'elle jette à Dieu, en apprenant la gravité du mal, avec un emportement si furieux, si passionné que les Sœurs elles-mêmes s'en effraient. Elle a demandé et obtenu qu'on exposât le saint Sacrement. Pendant dix jours, jour et nuit, elle sera là priant,

suppliant, ne quittant le pied de l'autel que pour
livrer son corps épuisé à des pénitences formi-
dables. Ses sœurs font intervenir le supérieur de
la maison. » J'obéirai, mon Père, s'écrie-t-elle
tout en larmes, mais songez, je vous prie, que le
roi se meurt, songez que je suis venue ici pour
son salut comme pour le mien, et dites-moi si je
puis en trop faire pour une âme qui m'est si
chère. — A ce cri, le supérieur comprend qu'il
faut laisser la sainte victime aux inspirations de
l'esprit de Dieu. Et le 7 mai, Dieu l'exauçait
enfin. Au matin, le roi dit à ceux qui l'entouraient : « Voici trois fois que je demande à me
« confesser. Pourquoi le prêtre ne vient-il pas ? »
Il fallut bien laisser pénétrer le confesseur près
du roi. A deux reprises, le malade s'entretint
longtemps avec lui ; puis, il communia avec une
piété profonde, demanda publiquement pardon
du scandale causé par lui, et comme on lui remet-
tait un crucifix envoyé par Madame Louise. « Ah
dit-il, je la reconnais bien là, » et il garda le crucifix sur ses lèvres jusqu'au dernier moment.

« Moi Carmélite, et le roi tout à Dieu » avait-elle dit. C'était réalisé enfin. Dieu avait fait ce miracle de miséricorde et d'amour. Qui dira la joie de Madame Louise ? qui dira surtout jamais son merci à Dieu ?

*   *
*

A la mort de la Sœur Julie de Mac-Mahon, les Sœurs de Saint-Denis l'avaient élue Prieure pour la troisième fois. Au lendemain de l'élection, elle entra en retraite ; et là, des pressentiments envahirent son âme ; elle sentit que la mort était proche, que tout allait bientôt finir pour elle. Elle sortit de cette retraite, vaillante et ardente comme toujours ; c'est à ce moment qu'elle dit ce mot superbe à une sœur de Flandre qui avait pitié de sa faiblesse et lui conseillait de se reposer : « Je ne me fatigue plus de rien, sinon de me reposer. » Mais son âme semblait pénétrée de je ne sais quelle sérénité qui n'était plus de la terre. On ne l'approchait plus qu'avec des respects tout particuliers, comme d'un être exceptionnellement beau, mis là par la grâce de Dieu et qui allait disparaître. Elle tomba malade, en effet, au bout de quelques mois. le 21 décembre 1787. Elle ne fut que deux jours souffrante, et je ne sais rien, mes Frères, qui puisse mieux traduire l'émotion que les quelques pages où l'on raconte sa mort nous font éprouver que la lecture du XVIIe chapitre de Saint Jean, ce chant dit par Notre-Seigneur quand il va mourir lui même. C'est bien la même adoration calme et tout enveloppée de lumière pour le Père qui est aux cieux ; c'est bien la même sécurité, la même confiance filiale en la récompense, en la gloire éternelle qui va être donnée. « Je ne savais pas, dit-elle, qu'il fût si doux de mourir. » Et puis, c'est bien aussi, mes Frères, ce sentiment si profond que tous les versets de ce chapitre contiennent, ce sentiment d'amour pour tous ceux qui ont été mêlés à sa vie. Elle les prit, l'une après l'autre. ses sœurs, comme Jésus-Christ avait pris ses apôtres, et elle priait pour chaque âme, demandant à Dieu la lumière et la force nécessaires pour que chacune fût à lui comme il le voulait. Et elle disait : « Mon Père, faites donc que toutes comprennent, et que toutes les âmes soient à la hauteur du sacrifice qui leur est demandé. » Sa sérénité était si profonde, sa communion à Dieu si intense, si vivante, qu'il semblait qu'en une telle heure, elle n'eût pas besoin de songer à elle et pût ainsi déverser de sa plénitude sur toutes ces âmes qui l'aimaient tant et qui étaient secouées par l'émotion que vous devinez. Jusqu'au dernier moment, elle pria ainsi pour toutes. Le 22, elle ne put descendre de sa cellule. C'était la première fois qu'elle ne communiait pas depuis son entrée au Carmel. Une sœur lui dit : « Pourquoi ne pas vous souvenir que vous êtes princesse du sang royal, et ne pas bénéficier du privilège que vous avez de faire dire la sainte messe dans votre chambre, dans votre cellule? » — Et la Mère, étonnée qu'on pû avoir le souvenir de son rang dans le monde en un tel moment, répondit : « Oh! non, vous savez « bien que je suis venue pour être Carmélite en « tout. » Dans la nuit qui suivit, on lui apporta le saint Sacrement, et elle put communier. Elle

eut alors de ces effusions profondes, exprimées
en quelques mots, mais de ces mots où l'âme toute
entière passe et où ce n'est presque plus la foi,
c'est comme de la vision déjà, tant les mots sont
riches, tant le cri est vrai, tant la communion est
vivante, avec le Maître qui vient enfin chercher
son enfant, qui vient enfin lui donner la vision
du face à face tant cherchée, tant poursuivie,
tant aimée ! Elle mourut peu de temps après, pendant qu'on récitait près d'elle la passion de Notre-
Seigneur selon saint Jean. Elle mourut en priant
et aimant jusqu'à la fin comme le Maître divin,
lui aussi, était mort en aimant jusqu'à la fin.

Eh bien, mes Frères, puisque nous sommes
réunis ici pour demander une gloire de plus au
front de cette Mère du Carmel, de cette fille de nos
rois qui a été surtout une fille de sainte Thérèse,
voulez-vous que nous reprenions un des versets
du chapitre que je viens de vous dire, et que nous
disions à Dieu tous et de plein cœur? « O Père, ô
Père, voyez, elle a, comme Jésus-Christ, elle a
fait l'œuvre que vous lui aviez confiée ; elle a
consommé cette œuvre ; voyez, toute sa vie n'a été

qu'un long et vaillant héroïsme ; toute sa vie n'a été qu'une « louange de gloire », comme le veut saint Paul, une louange vivante, une adoration, un amour croissant toujours, à vous qu'elle aimait de toute son âme : elle a bien fait l'œuvre que vous lui aviez confiée. Eh bien, maintenant, glorifiez-la, vous, de cette clarté qui est en vous dès l'éternité. Faites que nous puissions l'acclamer comme vos saints et vos anges l'ont acclamée ; comme vous surtout vous l'avez accueillie en plein ciel, quand la mort nous l'a enlevée et vous l'a donnée pour l'éternité. O Père et Seigneur ; faites que cette gloire suprême, qui est aux mains de votre Église, soit déposée par elle au front de cette fille de nos rois. Elle a voulu que, pendant toute sa vie, on oubliât cette gloire humaine... : eh bien, soit, voilez à votre tour, mais dans vos gloires à vous, voilez cette gloire dont elle ne voulait pas, et montrez-la devant nous dans la plénitude de lumière, dans la plénitude de clarté, dans l'auréole divine que vous savez mettre au front de vos saints. Faites que demain, nous puissions lui dire, non seulement : « Vénérable Mère

Thérèse de Saint-Augustin, priez pour nous, » mais : « Bienheureuse Mère » mais : « Sainte Mère, sainte fille de sainte Thérèse, grande comme votre mère, vraie fille de celle qui fut si saintement et si uniquement passionnée pour le Christ, qui, comme elle, avez vécu de cette unique passion, priez pour nous. » Faites, ô Père et Seigneur, que nous puissions lui crier comme l'Église le permettrait et le voudrait alors, lui crier: « Mère, Mère, ayez pitié de nous ! »

Sténographié par Gustave Duployé.

CARMEL DE SAINT-DENIS

MONASTÈRE DE LA VÉNÉRABLE MÈRE THÉRÈSE DE SAINT-AUGUSTIN

TROISIÈME SERMON

PRÊCHÉ PAR PAR M. L'ABBÉ EUGÈNE BERNARD

Docteur ès Lettres et en Théologie, ancien Vice-Doyen de Sainte-Geneviève

> *Ecce ego et pueri mei, quos dedit mihi Dominus in signum et in portentum Israël.*
>
> Me voici, moi et mes enfants, que le Seigneur m'a donnés en signe et en prodige pour Israël.
>
> [ISAÏE, ch. VIII, 18.

MONSEIGNEUR [1], MES CHÈRES SŒURS,
MES FRÈRES,

Saint Jean avait vu les Cieux s'ouvrir et des légions d'esprits bienheureux de tous les pays et de toutes les nations se presser autour du trône de l'Éternel. Des Anges les comptaient, les re-

[1] Monseigneur SOULÉ, ancien Évêque de la Réunion, Vicaire-Capitulaire du Chapitre de Saint-Denis.

connaissaient et les marquaient, suivant la tribu à laquelle ils appartenaient. « *Ex tribu Ruben duodecim millia signati,* douze mille de la tribu de Ruben, » et ainsi de suite pour les douze tribus, car chacune d'elles fournissait un égal contingent. Et voilà que sur cette multitude innombrable, dont les rangs serrés composent l'armée des victorieux, une voix disait : « *Beati qui vocati sunt ad cænam nuptiarum Agni,* heureux ceux qui sont appelés au festin des noces de l'Agneau. » Entre ces célestes invitées, une surtout se distinguait par un éclat resplendissant. Née sous le ciel d'Espagne, mais célèbre dans toutes les régions éclairées par l'Évangile, et principalement sur notre terre de France, Thérèse accourait avec une phalange admirable de saints et de saintes, due à sa réforme de l'Ordre du Carmel, et se prosternant avec toute sa famille devant l'Agneau, elle redisait avec le Prophète : « *Ecce ego et pueri mei, quos dedit mihi Dominus in signum et in portentum Israel,* me voici, moi et mes enfants, que le Seigneur m'a donnés en signe et en prodige pour Israel. »

Parmi ces saints et ces saintes. gloires immortelles du Carmel, Thérèse présentait à Dieu une âme d'élite dont elle était la marraine, car nous appelons sœur Thérèse de Saint-Augustin celle qui dans le monde, à la Cour, sur les marches du trône, portait le nom de Louise-Marie de France. Nous pouvons lui tresser des couronnes, nous, Français, vous, Carmélites, en attendant que l'Église lui élève des autels : nous pouvons l'honorer comme Vénérable, en attendant que le Vicaire de Jésus-Christ lui mette au front l'auréole des Saints, car elle est vraiment « *signum et portentum Israel,* » un signe et un prodige pour l'Église de France.

Afin de vous en convaincre, laissez-moi, tour à tour, l'étudier à la Cour de Versailles et au Carmel de Saint-Denis. Pour célébrer cette fête à laquelle, Monseigneur, vous avez bien voulu ajouter l'éclat de votre présence, je voudrais esquisser les traits de Madame Louise de France, retracer l'image de Sœur Thérèse de Saint-Augustin.

I. Que fut à la Cour de Versailles Madame Louise de France ?

Le 15 juillet de l'année 1737, l'épouse de Louis XV, la reine Marie Leczinska donna le jour à une fille qui prit les noms de Louise-Marie, comme pour se placer à l'origine sous la protection spéciale du saint Roi de France et de l'auguste Reine des Cieux. A quelle héroïque lignée se rattachait cette enfant! Quel sang! Quelle race! Quels ancêtres! Louise-Marie prenait place sur les marches du trône élevé par Clovis, anobli par Charlemagne, illustré par Saint Louis. Fille de France, quelle destinée, quel avenir l'attendaient au pays dont nos pères, dans leur naïve admiration, faisaient dire à Dieu : « Si j'avais un second fils, je le ferais roi de France ! »

Pour préparer ces filles de nos rois à la mission qui leur était réservée dans le monde, pour les façonner au rôle qu'elles auraient à jouer sur la scène de l'Europe, ces filles de Clovis, ces descendantes de Charlemagne, ces sœurs de Saint Louis, pour en faire de vraies Françaises et de solides Chrétiennes, Dieu avait ménagé sur le sol de notre patrie des abbayes célèbres par leurs vertus, des monastères à la pieuse renommée, à la fois maisons de prière et maisons d'éducation. De ce nombre était Fontevrault, fondée au XIIe siècle par un Breton, Robert d'Arbrissel. Que dire de la splendeur de cet antique monastère, qui comptait dans la longue série de ses abbesses Mathilde d'Anjou, fille de Foulques d'Anjou, roi de Jérusalem, Marie de Bretagne, Anne d'Orléans, sœur de Louis XII, Renée de Bourbon et Jeanne-Baptiste de Bourbon, fille de Henri IV ? C'est dans ce noble asile que la petite Louise-Marie fut conduite pour apprendre, comme elle dira plus tard, « à aimer Dieu, à honorer la religion et à servir son pays. »

Quatorze années se passèrent au milieu des saintes Religieuses, qui s'attachèrent à éclairer l'esprit et à former le cœur de la royale enfant. Elle ne reste pas à Fontevrault; elle revient à Versailles. Dieu voulait lui faire goûter les délices de la Cour, la jeter au milieu des enivrements de la grandeur, afin que son sacrifice fût plus complet, et qu'elle pût dire en renonçant à tous les biens terrestres : « Tout cela, mon Dieu, je vous l'abandonne, à vous, le Dieu de mon cœur, et mon partage pour l'éternité, *Deus cordis mei et pars mea, Deus, in æternum.* »

Les années s'écoulent sous les lambris du palais resplendissant de la gloire de son aïeul, le plus grand de nos rois. Les qualités de Madame Louise se développent, son esprit s'aiguise et prend parfois une pointe redoutable à ceux qui s'exposent à ses traits. Mais sa piété douce et forte la tient en garde contre les tentations de l'orgueil et de la vanité. L'amour de Dieu ne tarde pas à pénétrer son cœur, pour arriver à en prendre pleine et entière possession. « Je le sens, disait-elle dans ses aspirations vers un but encore inconnu, je le sens ! Il m'appelle à quelque chose de plus élevé ! » A quelle source merveilleuse allait-elle donc puiser les flots de cette charité parfaite qui l'inondaient de toutes parts ? Le Roi-Prophète s'écriait : « *Quam dilecta tabernacula tua, Domine, Deus virtutum !* Qu'ils sont aimés tes tabernacles, Seigneur, Dieu des vertus ! » Madame Louise répétait ces accents : « *Altaria tua, Domine,* vos autels, ô mon Dieu, j'y cherche ma joie, comme la colombe dans son nid, comme le passereau dans le creux de la muraille. » Et afin de prolonger ces délicieuses ivresses, elle prit l'habitude de se préparer à la sainte Communion par de ferventes *Méditations*, fruit de ses lectures pieuses, expression des ardeurs qui embrasaient son âme.

C'est dans ces épanchements eucharistiques, — ah! vous le savez bien, Filles de Sainte Thérèse ! ne l'avez-vous pas expérimenté, Chrétiens, qui m'écoutez, personne ne saurait s'y livrer en vain. — c'est dans ces ineffables colloques avec son Dieu, qu'elle laissa échapper ce cri, qui n'était que la réponse à un appel mystérieux du Divin Maître : « Être avec Jésus, toujours avec Jésus ! Une simple mortelle est-elle capable de ce bonheur ! » Oui, ce sera le vôtre, fille du roi de la terre, qui voulez devenir l'épouse du Roi des Cieux ! L'Agneau sans tache vous a fait entendre sa voix : « *Sponsabo te mihi in fide et veritate*, je t'unirai, je t'attacherai, je te fiancerai à moi dans la foi et dans la vérité », et elle répond : « *Ecce venio*, voilà que je viens. »

Était-ce pour fuir les dangers du monde ? Était-

ce pour échapper à la corruption de la Cour? N'é-
tait-ce pas plutôt par une pensée plus haute, plus
généreuse, plus délicate? Sainte Thérèse voulait,
toute petite enfant, partir à la conquête des âmes,
pour les gagner à Jésus. Madame Louise n'a-t-elle
pas songé à se dévouer, à s'immoler, pour obtenir
du ciel la conversion de son père? N'a-t-elle pas
voulu s'offrir en sacrifice dans la prière, dans les
larmes, dans la pénitence, afin de faire faire par
Dieu miséricorde à l'âme du Roi? « Moi, Carmélite, et le Roi tout à Dieu! » Le voilà son secret!
Son parti est pris, sa résolution est arrêtée, elle se
prépare à l'immolation. Dans le silence de sa
chambre, transformée en oratoire, elle passe de
longues heures à étudier, à méditer la Règle du
Carmel. Les ténèbres lui font peur : elle s'accou-
tume à affronter l'obscurité de la nuit. L'odeur
du suif la dégoûte et fait bondir son cœur : elle se
fait acheter des chandelles, et le soir, elle les
allume pour s'exercer à vaincre ses répugnances.
Et quand l'heure solennelle a sonné, ah! levez-
vous, Clotilde, Radegonde, Bathilde, saintes illustres, épouses et mères de nos rois, applaudissez à

son vœu de virginité! Levez-vous et entourez-la, c'est votre fille! Conduisez-la à Sainte Thérèse qui s'apprête à l'accueillir pour la présenter à Dieu en disant: « *Ecce ego et pueri mei, quos dedit mihi Dominus in signum et in portentum Israel*, me voici, moi et mes enfants, que le Seigneur m'a donnés en signe et en prodige pour Israel. »

II. Que fut au Carmel de Saint-Denis sœur Thérèse de Saint-Augustin?

Si les familles royales qui ont gouverné la France, sont, à bon droit, fières de la gloire et du renom militaire de leurs princes, elles peuvent, à plus juste titre, s'honorer des vertus et de la sainteté de leurs princesses. A travers les âges, quelle longue suite de mères, d'épouses, de filles de rois, qui se sont faites les imitatrices ardentes du Christ Jésus, les zélatrices passionnées de sa croix! En 559, sainte Radegonde fondait à Poitiers l'abbaye de Sainte-Croix : elle plaçait sa sœur Agnès à la tête de la Communauté, et s'y retirait elle-même pour terminer ses jours dans la paix du

Seigneur. En 660, sainte Bathilde fondait à Chelles, tout près d'ici, un monastère, où elle s'éteignait en odeur de sainteté, et entre les noms des abbesses qui ont gouverné cette maison célèbre, nous lisons celui de Gisèle, fille de Pépin le Bref. A Argenteuil, une fille de Charlemagne, Théodrate, obtenait de son père de se consacrer à Dieu en compagnie d'une légion de saintes filles. A Longchamps, aux portes de Paris, Isabelle de France, la sœur de Saint Louis, fondait le monastère qu'elle appela l'Humilité de Dieu. A Poissy, Philippe IV a fondé, en souvenir et sous le nom de Saint Louis, un couvent de Dominicaines, et, parmi les religieuses, je compte les noms d'Isabelle de Valois, la sœur de Philippe VI ; de Marguerite de France, la fille du roi Jean ; de Marie de France, fille de Charles VI ; Isabelle de Bourbon, Isabelle d'Artois, Marguerite et Marie de Clermont, Marie de Bourbon : elles y sont ensemble, cachées sous le voile, au nombre de dix, toutes de sang royal.

Est-ce dans un de ces monastères illustres que Madame Louise va se retirer? Est-ce à une de ces portes franchies par ses glorieuses ancêtres, que la fille de Louis XV va venir heurter? Non : le Carmel de Saint-Denis est pauvre ; elle choisit ce couvent entre tous. Sa pieuse mère avait dit : « Vous verrez que ma Louise finira par vouloir se faire Carmélite, mais elle n'y restera pas. » Pardon, votre Louise entrera au Carmel, et elle y restera, Dieu aidant. Écoutez-la : « J'ai comparé l'état de Princesse et l'état de Carmélite, et toujours j'ai prononcé que celui de Carmélite valait mieux. » Et cette phrase de ses *Méditations* exprimant sa volonté arrêtée, s'est encore affirmée par ce cri : « Moi Carmélite et le Roi tout à Dieu. » Et elle vient ici, au Carmel de Saint-Denis, se consacrer entièrement à Dieu, mettre en action ce qu'elle avait dit en paroles : « Toute ma vie j'aurai donc le bonheur de converser avec vous, mon Dieu, de converser avec votre grâce qui parlera à mon cœur. » C'en est fait, le sacrifice est consommé, Madame Louise de France s'est évanouie, la princesse a disparu, il ne reste plus qu'une sœur, sœur Thérèse de Saint-Augustin.

Être à Dieu, vivre avec Dieu, souffrir pour

Dieu, voilà désormais sa vie. C'est une victime, ne l'oubliez pas. Comme le Sauveur sur la croix s'est offert pour la rédemption du monde, sœur Thérèse de Saint-Augustin s'immole pour la conversion de son père et pour le salut de sa famille. Aussi avec quel généreux élan elle accepte l'expiation! « Votre croix! s'écrie-t-elle, faites-la paraître, que je l'embrasse pour ne m'en séparer jamais! » Vous reconnaissez à ce cri du cœur la filleule de Sainte Thérèse, la sœur Thérèse de Saint-Augustin. Et sa marraine n'a-t-elle pas raison de dire, en l'offrant à Dieu sous les voûtes du Carmel de Saint-Denis : « *Ecce ego et pueri mei, quos dedit mihi Dominus in signum et in portentum Israel*, me voici, moi et mes enfants, que le Seigneur m'a donnés en signe et en prodige pour Israel. »

Dieu lui avait parlé cœur à cœur, et il lui avait dit : « *Sponsabo te mihi in sempiternum*, tu seras mon épouse pour l'éternité. » Mais vous le connaissez, Filles du Carmel? Il est un époux de sang, « *sponsus sanguinum*. » Différent sur la terre de ce qu'il est au ciel, ici-bas, il se présente sous l'aspect et l'apparence d'un faisceau de myrrhe, « *fasciculus myrrhæ,* » au milieu des clous et des épines, sur l'arbre de la croix. Murs sacrés, élevés par ses soins, vous avez été témoins de ses ardentes effusions au pied des tabernacles! Voûtes superbes, vous avez entendu monter vers l'Éternel les accents de ses supplications! Dalles silencieuses, vous avez compté ses larmes et ses sanglots! Elle est bien, cette Fille de France cachée sous la bure du Carmel et sous le nom de sœur Thérèse de Saint-Augustin, «*signum et portentum,* » un signe et un prodige pour l'Église de France! Elle est bien l'étonnement du démon, de la chair et du monde, par la vie de pénitence qui sera désormais la sienne! Sortez de vos tombeaux, ou mieux, quittez les splendeurs des cieux, et accourez! Venez la visiter dans son humble cellule, venez, Gisèle de Chelles, Théodrate d'Argenteuil, Isabelle de Longchamps, Marie de Poissy, filles des Rois comme elle, vierges comme elle, reconnaissez-la, c'est votre sang : n'est-il pas digne de vous? Saluez-la, c'est votre sœur: ne marche-t-elle pas à son tour héroïquement sur vos traces?

Quatre années se sont passées, de 1770 à 1774, à prier et à souffrir, afin d'obtenir de Dieu les grâces de conversion qu'elle sollicitait si ardemment pour son père. Le roi tombe malade; sur son lit de mort il reçoit un crucifix que sa fille a fait indulgencier exprès, à cette intention. « Ah! murmure le mourant, je la reconnais bien là! » C'est sur ce crucifix qu'il rendit le dernier soupir, et sœur Thérèse de Saint-Augustin pouvait écrire au cardinal de Bernis : « Je serais absolument inconsolable, si je n'avais lieu d'espérer que Dieu a fait miséricorde au roi. »

Sa tâche n'est pas remplie. Elle continue son œuvre d'expiation au bénéfice de cette âme si chère, elle a confiance en la miséricorde infinie, mais n'y a-t-il pas à redouter les flammes du purgatoire? Elle prie pour le roi, son père, pour les rois, ses aïeux. Ils dorment là tout près : les caveaux où reposent leurs cendres sont si proche du Carmel! Sœur Thérèse de Saint-Augustin ne nous apparaît-elle pas comme un ange de la terre priant à la porte de ces illustres sépultures?

Quinze années s'écoulent de la sorte. Devenue Prieure, élevée au premier rang de la Communauté, elle est comme la dernière, et ne se souvient de son origine que pour faire le bien. Carmélites de Bruxelles, Coletines de Gand, Clarisses de Tournay et d'Ypres, dites ce que sa puissante intervention a fait pour vous! On applaudissait aux coups redoublés qui frappaient, à cette époque, les Ordres religieux dans les Pays-Bas. Les couvents atteints par ces mesures de suppression se tournaient vers la France, que le ciel, dans sa clémence, semblait ouvrir comme un asile à la vertu persécutée. Le roi Louis XVI, à la prière de son auguste tante, voulut bien accorder une retraite aux Carmélites de Bruxelles. La correspondance de sœur Thérèse de Saint-Augustin nous représente les démarches accomplies par elle, en 1783, pour venir en aide à ces saintes filles, ses sœurs sous la règle du Carmel, condamnées à quitter le monastère où elles espéraient mourir dans les bras du Seigneur.

Les religieuses Coletines de Gand, en butte aux mêmes décrets d'expulsion, avaient songé à se retirer à Poligny, près de Besançon, dans un couvent de leur Ordre. On leur refusa cette faveur. Elles se tournèrent vers sœur Thérèse de Saint-Augustin, la suppliant de se rappeler qu'elle était Madame Louise de France. A la lecture du mémoire touchant l'affaire, elle écrit au roi, qui, dès le lendemain, répondait à sa tante qu'il venait de donner des ordres à ses ministres, afin qu'il fut fait droit à la demande des filles de Sainte Colette. En passant à Saint-Denis, pour se rendre à Poligny, elles voulurent témoigner leur reconnaissance à celle qui les avait si bien servies, et se jetèrent à ses pieds, aussitôt qu'elles se virent en sa présence. Sœur Thérèse de Saint-Augustin s'agenouilla de la même manière, disant dans son humilité : « Vous êtes religieuses comme moi, vous êtes à mes genoux, je suis aux vôtres. » Et quand l'abbesse de Gand, prenant congé de la Prieure du Carmel, lui baisa la main, celle-ci ne se laissa pas vaincre, de sorte que l'autre s'écriait tout en larmes : « Quoi! la fille du roi de France s'abaisse jusqu'à baiser la main d'une malheureuse persécutée comme moi! » Le Prince-Évêque

de Gand avait chargé les exilées de remettre à
Madame Louise le corps de Sainte Colette, qu'elles
avaient emporté. Sœur Thérèse de Saint-Augustin
ne songea pas un instant à les priver du bonheur
de posséder les précieux restes de leur fondatrice,
et dans l'acte par lequel elle y renonçait : « J'en
fais présent moi-même, écrivit-elle, au monastère
de Poligny qui vous accorde un asile assuré. »

Elle montra la même bienveillance, couronnée
du même succès, en faveur des Colettines de
Tournay, et les Clarisses d'Ypres, admises à
prendre rang dans les communautés de France,
toujours sur les instances de Madame Louise,
tiennent également à passer par Saint-Denis, afin
d'offrir à leur gracieuse protectrice, l'expression
de leur gratitude.

Voilà par quelles œuvres sœur Thérèse de
Saint-Augustin achevait de remplir sa vie toute
de prière et de mortifications. Deux fois elle
avait été élue Prieure : lorsque le moment vint de
résigner ces hautes fonctions, le rêve de l'humble
mère eût été de descendre au rang de simple religieuse. Mais ses Filles ne voulurent pas voir s'im-

mobiliser la main qui les dirigeait si bien dans les voies du Seigneur. D'un accord unanime, après quelques années écoulées, elles rétablirent l'ancienne Prieure dans la charge dont elle avait espéré être délivrée à jamais. La fille de nos rois se soumit au vote de la communauté, et se résigna selon sa coutume. On eût dit que Dieu attendait cet acte d'abnégation pour appeler à lui sa servante. Elle ne vit pas la fin de ce nouveau Priorat. « Mourir, avait-elle demandé au Dieu de l'Eucharistie, mourir Carmélite, et laisser toute ma famille dans le chemin du Ciel. » Son vœu fut exaucé : elle mourut ici, au Carmel de Saint-Denis, le 23 décembre de l'année 1787.

Sainte Thérèse accourut offrir à Dieu cette âme bienheureuse, revêtue des austères livrées du Carmel, préférées aux joyaux de la terre, et au pied du trône de l'Agneau, sa voix redisait encore : « *Ecce ego et pueri mei quos dedit mihi Dominus in signum et in portentum Israël*, me voici, moi et mes enfants, que le Seigneur m'a donnés en signe et en prodige pour Israël. » Et sœur Thérèse de Saint-Augustin s'unit aux Anges pour célébrer au Ciel la naissance de l'enfant Dieu, pour redire là-haut : Noël ! Noël ! le vieux cri des joies françaises, et pour chanter, sa première fois, avec les esprits bienheureux, le sublime cantique: « Gloire à Dieu au plus haut des Cieux, *Gloria in altissimis Deo.* »

M. de Villeframon, vicaire général de Besançon, disait en recevant au monastère de Poligny les Coletines expulsées de Gand : « N'oubliez jamais la pieuse princesse qui a daigné porter au trône vos gémissements et vos larmes. Qu'elle vive pour la gloire de la religion, pour l'honneur de la France et pour l'étonnement de l'Europe. » Nous ferons ensemble les mêmes souhaits, et acclamant cette grande triomphatrice, comme autrefois le peuple juif saluait Judith, nous répéterons : « *Tu gloria Jerusalem, tu lætitia Israël, tu honorificentia populi nostri.* » Vivez au ciel, vous, la gloire de Jérusalem, vous, la joie d'Israël, vous, l'honneur de notre nation, vivez éternellement au sein de Dieu! Et nous, mes très-chères sœurs, ayons confiance, attendons, espérons... et prions pour que l'Église inscrive bientôt au catalogue de ses saints, Madame Louise-Marie de France, sœur Thérèse de Saint-Augustin.

Ainsi soit-il.

CARMEL DE SAINT-DENIS — VUE DES CLOÎTRES

QUATRIÈME SERMON

PRÊCHÉ PAR MONSIEUR L'ABBÉ LE REBOURS

Chanoine honoraire de Paris. Curé de Sainte-Madeleine

> *« Ambula coram me et esto perfectus. »*
>
> Marche en ma présence et tu seras parfait.

Qu'il me soit avant tout permis, mes frères, de bénir et de remercier Dieu qui, après un siècle écoulé, nous donne aujourd'hui la consolation de parler de Madame Louise dans ce sanctuaire qu'elle a tant aimé. C'est là que si souvent elle offrit à Dieu les devoirs d'un cœur embrasé du plus ardent amour et pratiqua en un degré si éminent, ces vertus que l'Église elle-même a déclarées héroïques.

Puissent bientôt des miracles obtenus par l'intercession de la Vénérable Servante de Dieu nous permettre de lui rendre le culte public dû aux Bienheureux. C'est l'objet principal de nos prières et de tous nos vœux en ce triduum solennel.

Qu'il me soit permis, mes frères, de remercier aussi ceux dont la générosité, la haute intelligence et l'esprit libre de toute étroite préoccupation, ont rendu possible l'éclat de ces fêtes auxquelles Saint-Denis prend une si grande part.

Nous les remercions, car ils ont ménagé à Madame Louise dans le Ciel et à ses filles sur la terre la joie de se sentir plus unies encore, ce semble, par le lien béni de ce sanctuaire vénéré.

C'est en effet un sentiment universel que les choses matérielles sont, ici-bas, comme un trait d'union entre ceux qui y sont encore et ceux qui n'y sont plus. La nature l'a mis ce sentiment au plus profond de notre âme et c'est pour cela que nous aimons les lieux où ont vécu tous ceux qui nous furent chers. Lorsque après de longues années, on rentre vieilli peut-être, mais le cœur toujours jeune, dans ces endroits bénis qui nous rappellent la présence de ceux que nous avons aimés, le cœur croit les y retrouver, il tressaille, il se sent plus rapproché d'eux, l'affection et la tendresse semblent augmenter encore : c'est que ceux que nous avons aimés ont vraiment laissé là, où ils ont vécu, autre chose que la trace de leur passage, ils y ont laissé quelque chose de leur âme généreuse.

C'est là, mes frères, le charme qui nous attire dans ce sanctuaire où pria Madame Louise ; nous n'y venons pas chercher seulement un froid souvenir de sa présence disparue, nous venons pour nous y réchauffer comme à un foyer d'amour des choses éternelles, de dévouement aux âmes, de tendresse profonde et agissante pour tous ceux qui souffrent ici-bas. — Aussi bien l'Église en ceux qu'elle honore ne loue pas seulement ces pensées sublimes qui les font monter vers le Ciel par la prière et par l'amour, elle estime et glorifie encore ce mouvement qui les fait descendre par le zèle et par la charité vers leurs frères malheureux.

Hier, mes frères, je le sais, on vous a longuement retracé, la vie et la perfection religieuse de la Vénérable mère Thérèse de St-Augustin. Il n'est pas dans mon dessein de revenir sur ces choses que je ne saurais dire aussi bien, elles sont d'ailleurs restées gravées dans vos mémoires et surtout dans vos cœurs pour les édifier, les consoler et les animer à marcher en avant vers les choses éternelles.

Aujourd'hui, je voudrais simplement rechercher avec vous quel fut en Madame Louise le principe de cette éminente vertu dont on nous a présenté hier le glorieux tableau.

Dieu parlant autrefois à son serviteur Abraham lui disait: « marche devant moi et tu seras parfait. » La pensée de sa continuelle présence fut donc le moyen donné de Dieu à son serviteur Abraham pour arriver à la perfection, Madame Louise le mit admirablement en pratique. Sans cesse appliquée à Dieu, elle le voyait présent en tous lieux et toujours par sa divine essence, et surtout présent au tabernacle dans la très Sainte Eucharistie. Ce fut sa pensée constante et le double secret de sa sanctification. Le montrer sera le sujet et le partage de ce discours. C'est là tout mon dessein. Daigne N.S., devant qui nous sommes assemblés, bénir mes paroles et les rendre utiles à vos âmes.

Madame Louise, comme le Patriarche des jours anciens, marchait toujours en la présence de Dieu. sa foi vive le lui faisait voir en toutes choses. et c'était là le principe de son héroïque courage. La foi, en effet, nous révèle et nous rend sensible la sainte et universelle présence de Dieu, et ce n'est pas sans un dessein particulier du Seigneur que le Patriarche choisi pour entendre cette parole : « Marche devant moi et tu seras parfait, » fut celui que nos saintes lettres appellent le Père des Croyants.

Pour nous, hélas, nous oublions cette divine présence, parce que notre foi n'est ni assez ardente, ni assez vive; elle semble plutôt comme endormie dans nos cœurs, et notre esprit distrait ne lui laisse pas exercer son influence salutaire. La vivacité de la foi, au contraire, maintient sans

cesse les saints dans le sentiment de la présence
de Dieu. Chez nous c'est trop souvent un fait passager; chez eux c'est un état et le grand moyen de
la perfection. — Ce moyen, Madame Louise y eut
recours, et ce fut la pensée constante de cette
divine présence qui rendit sa vie si admirable en
ses moindres détails. Dans la retraite qu'elle fit en
1784, traçant les résolutions qui devaient en être
le fruit et en assurer les effets elle écrivait : « Pour
« réparer les défauts de mes dix-neuf années déjà
« passées en religion, je veux par dessus tout m'ap-
« pliquer à la présence habituelle de Dieu, non
« pas à quelques regards vers cette présence, mais
« à une habitude de voir Dieu et de marcher devant
« lui, même, ajoutait-elle, dans les récréations, et
« je prendrai pour cela les moyens les plus directs,
« les plus efficaces. » Elle a compris, en prenant
cette résolution capitale, que la vie religieuse
comme toute vie chrétienne devient nécessaire-
ment parfaite dès qu'elle se passe sous le regard
de Dieu.

Pour vivre plus encore en la divine présence,
elle quitta cette maison paternelle ou semblaient

devoir la retenir, je ne dirai pas tant d'éclat —
c'était chose de peu pour elle — mais tant d'affection et de tendresse. La même pensée lui fit choisir de préférence ce monastère de Saint-Denis si
humble et si pauvre. A Paris, dans sa condition,
elle n'eut pu, pensait-elle, se soustraire à de fréquentes et importunes visites; Saint-Denis l'en
défendrait et empêcherait d'arriver jusqu'à elle
les pensées du monde et les bruits lointains de la
Cour, qui eussent pu troubler sa douce intimité
avec Dieu.

Au couvent Madame Louise vécut plus entièrement encore sous son regard. Cette pensée ani-
mait, inspirait toute sa vie. — Voyant Dieu en ses
sœurs, elle s'abaissait volontiers devant elles, et
se plaisait à les servir, obéissante et soumise, pleine
de respect et d'humilité. — Dans les épreuves de la
maladie, elle demeurait douce et heureuse, parce
qu'elle voyait Dieu, voulant qu'elle fût en cet état,
et regardant avec complaisance son entier abandon. Enfin, là était le principe et le mobile de
toutes ses vertus.

Ce n'est pas toutefois qu'elle eût attendu, pour

marcher sans cesse en la présence de Dieu, le bienheureux jour où le cloître s'ouvrit à ses désirs. Cette pensée avait dominé, sanctifié sa vie toute entière à Versailles, comme à Saint-Denis. Il ne faudrait pas croire cependant qu'elle ait donné à son abord rien de rigide ni de trop austère. Durant les années passées à la Cour, on pouvait dire de la pieuse princesse ce que nos saintes lettres disent de la sagesse, sa conversation n'avait pas d'amertume ni d'ennui, elle était au contraire pleine de charme et de douce joie. « Non habet amaritudinem conversatio illius, sed lætitiam et gaudium »[1]. Comment eût-il pu en être autrement ? Sans doute, elle voyait Dieu et sa Majesté au-delà des créatures, mais elle ne le voyait pas comme un maître exigeant et sévère devant lequel il faut trembler toujours. Il lui apparaissait comme un père, un ami qui, loin de troubler, augmente par sa présence notre joie, et devant lequel on continue plein de confiance et en s'entretenant avec lui des choses déjà commencées.

(1) Sap. 8. 16.

Oh sainte et bienheureuse intimité avec Dieu ! Amour qui le fait ainsi traiter, je ne dirais pas sans égard, mais sans terreur, et qui fait vivre devant lui sans embarras, ni effrayé, heureuses sont les âmes qui au au milieu du monde sentent, comme Madame Louise, cette constante présence de Dieu. Combien leur vie est plus douce, plus facilement dévouée et surtout plus sainte! oh ! oui, dans les souffrances, pour qu'elles soient moins lourdes et plus profitables, dans la joie, pour qu'elle soit moins dangereuse et ne nous fasse pas oublier les choses éternelles, souvenons nous de la présence de Dieu; elle sera pour nous, comme elle a été pour Madame Louise, le grand moyen de tendre à la perfection, suivant la parole même de Dieu : « Ambula coram me et esto perfectus. » Marche en ma présence et tu seras parfait.

Mais il est une autre présence plus sensible, plus touchante encore pour le cœur, dont il faut à présent parler : c'est la présence de Notre Seigneur

dans la Très Sainte Eucharistie. Combien elle
était chère à Madame Louise! Qu'il doit lui être
doux de voir ainsi honoré sur cet autel, où elle l'a
si souvent contemplé, celui qu'elle aimait par
dessus toutes choses, de vous voir, mes sœurs,
continuer dans cette chapelle qu'elle a élevée à la
gloire du Dieu caché, ce service d'honneur et de
louange qu'elle lui rendit avec tant d'ardeur!

«La présence réelle de Notre Seigneur dans la
Sainte Eucharistie, disait-elle, est, pour une épouse
de Jésus-Christ, le plus grand des biens, Là,
en effet, la conscience s'éclaire et s'épure, le cœur
s'élargit, elle bannit les ennuis, la tristesse et les
vains scrupules, il ne reste plus que la confiance
et l'amour. » Paroles à la fois touchantes et profondes qui sont toute une doctrine sur la Sainte
Eucharistie et ses puissants effets dans les âmes.
Je voudrais consacrer, à les méditer avec vous,
mes sœurs et mes frères, toute la seconde partie
de ce discours ; nous y trouverons tous, je l'espère,
mais vous surtout, ses heureuses filles, une lumière qui nous guidera dans la dévotion envers le
Très Saint Sacrement.

« *La présence réelle de N. S. dans la Sainte Eucharitie, disait d'abord Madame Louise, est pour une épouse de Jésus-Christ le plus grand des biens.* »

La vie tout entière de la vénérable servante de Dieu nous montre combien cette pensée fut toujours profondément gravée dans son cœur. Elle avait eu dès sa plus tendre enfance une instinctive et tendre piété envers l'Eucharistie. On peut voir dans sa vie les ardents désirs avec lesquels elle se prépara à sa première communion et la touchante prière qu'elle avait composée pour demander à Notre Seigneur de venir en son cœur. « Enfin! vienne donc ce moment uniquement désiré, o mon Dieu! donnez-moi un amour généreux, enflammé, constant, pour payer cet amour qui vous a fait venir pour la première fois! »

Elle devait plus tard, avant le Saint Viatique, redire une fois encore cette même prière, en ne changeant que les derniers mots, encadrant, de la sorte, sa vie tout entière si dévouée à l'Eucharistie entre ces deux communions et ces deux cris d'amour!

9.

Lorsqu'elle était encore dans le monde, elle savait et elle sentait déjà quel bien était pour elle cette divine présence. Se tenir aux pieds des saints autels était sa joie, sa force et son bonheur. Qui dira les sentiments de reconnaissance, de confiance et d'amour qui remplissaient son cœur, ici même, devant cet autel, devant cette hostie qui ne change pas, devant Dieu qui reste toujours au tabernacle pour être le consolateur de tous. Oui, elle l'avait bien comprise cette parole qu'elle aimait tant à répéter : « La présence réelle de N. S. dans la Sainte Eucharistie est pour une épouse de Jésus-Christ le plus grand des biens ! »

« *Là, disait-elle encore, la conscience s'éclaire et s'épure.* »

En effet, quand prosternés devant l'Eucharistie nous adorons, dans celui qui est là, le roi, le maître, le Dieu de toute sainteté, combien il nous est facile de comprendre ce que devrait être notre pauvre cœur pour être digne de lui ? Combien de fois, hélas, n'avons-nous pas senti la distance qui le séparait du cœur du divin maître !

Et pourtant, ô merveille de miséricorde, sa

bonté ne repousse personne, que dis-je, il nous appelle : *Venite ad me omnes*, il nous montre le chemin par lequel il faut s'approcher de lui; c'est l'innocence, ou au moins le repentir, c'est le courage de la vertu, c'est la générosité d'une âme qui aime, qui veut, qui donne à Dieu non point un passé dont elle n'est plus maîtresse, mais un présent et un avenir qu'elle lui abandonne sans réserve et sans retour.

Trop souvent dans le monde, les âmes qui abandonnent la Sainte Eucharistie et que l'on presse pour leur salut d'y revenir, disent découragées, ou du moins cherchant une excuse : le respect nous retient, Dieu est trop saint pour que nous puissions, sans être téméraires, nous approcher de lui, il faudrait pour l'oser, une perfection que nous ne sentons pas dans nos cœurs. Mais c'est pour l'y mettre qu'il veut y venir. Ah! ne vous laissez pas tromper par des illusions funestes; il n'est pas seulement la sainteté par essence, il est encore le principe de la sainteté dans les âmes, il est cette force qui vous manque pour l'acquérir, il veut venir s'établir en vos cœurs et y faire

régner ces splendeurs d'innocence et de beauté
divine que sans lui nul ne saurait ni atteindre,
ni même entrevoir.

Ainsi la présence de N. S. dans la Sainte Eucharistie épure la conscience et éclaire l'âme,
mais de plus : *elle élargit le cœur.* Comment pour-
rait-il en être autrement lorsque nos cœurs consi-
dèrent le cœur de N. S. dilaté par l'amour, et
allant jusqu'à cet excès de se réduire en un tel
état pour pouvoir se donner à nous ?

Lorsque Madame Louise, songeant aux grandeurs dont elle était descendue, relevait son regard
plein de reconnaissance vers le tabernacle, combien la distance du trône au Carmel devait lui sem-
bler petite, en comparaison de ce long chemin du
Ciel au tabernacle, franchi dans *la joie* par ce
prodige de charité, par ce géant d'amour, *Exul-
tavit ut gigas ad currendam viam*, oui, par ce
géant d'amour que nul obstacle n'a pu arrêter,

Comment, mes frères, à ces pensées, les cœurs
pénétrés d'étonnement et de reconnaissance, ne
s'élargiraient-ils pas dans la générosité des saints
désirs et dans le don de soi sans réserve et sans

retour! Bénie soit donc encore une fois cette présence de Dieu en son adorable Sacrement! *Elle élargit le cœur, elle l'élève* et, comme ajoutait Madame Louise, *elle bannit les tristesses et les vains scrupules.*

Quels que soient les événements et les surprises douloureuses de la vie, l'âme qui possède la Sainte Eucharistie et sait apprécier ce trésor, ne sera jamais ni envahie ni surtout accablée par la tristesse, elle trouvera toujours là, quoiqu'il arrive, un refuge assuré, la consolation, la force et la paix. Oui, le monde peut m'oublier, me délaisser, me repousser même s'il le veut, il ne fera jamais que je sois seul! Qu'importe que tous les amis m'abandonnent, si celui-là me reste ; que tous les cœurs me soient fermés, si celui-là me demeure ouvert! Oh! vienne l'heure de la désolation, j'irai au tabernacle, je m'approcherai de cette porte sacrée qui renferme celui que j'aime, je lui dirai avec le Roi Prophète : *Deus meus et omnia.* Mon Dieu et mon Tout! *Pars mea Deus in æternum.* Vous êtes mon partage pour l'éternité! Cet ami-là n'abandonne jamais !

Votre Vénérable mère avait donc bien raison de le dire, mes sœurs, elle qui l'avait souvent éprouvé : *la présence réelle de Notre Seigneur dans la Sainte-Eucharistie bannit les tristesses et les vains scrupules.* Elle ajoutait : *il n'y reste plus que la confiance et l'amour.* Oui, la confiance d'abord. Comment ne pas avoir confiance en celui qui a tant fait pour nous ? Dans quelques jours nous allons l'adorer dans sa crèche. Il est bien beau ! Il est bien doux l'Enfant Dieu descendu du Ciel sur la paille d'une étable ! mais enfin il ne l'a fait qu'une fois à Bethléem. Il en va bien autrement du Dieu de l'Eucharistie, il n'est pas descendu une fois seulement dans un seul lieu privilégié et cela dans un passé évanoui pour jamais, non. mais il est là aujourd'hui, demain, toujours, il est partout pour nous attendre, nous écouter, nous soutenir, Le cœur a parfois tant de tristesses ! Les événements avec leurs retours imprévus, les douleurs, les épreuves de toute sorte, par dessus tout le sentiment de notre faiblesse, la crainte de nous-mêmes, la pensée des combats, les désolations intérieures ! Oh ! que de souffrance dans la vie ! et qui donc relèvera notre âme, lui rendra courage et confiance? Les hommes y sont impuissants, ils se fatiguent d'ailleurs du long récit de nos angoisses, ils ont assez de porter les leurs ; après tout, ils ne sauraient nous soulager. Oh! allons au Dieu de l'Eucharistie, il demeure là dans ce dessein, il l'a dit, il s'y est engagé : venez à moi, vous tous fatigués du labeur et succombant sous le poids qui vous accable. *Venite ad me ommes qui laboratis et onerati estis.* Venez et je vous referai, *reficiam vos.* Ce mot ne peut se traduire, il exprime comme une vie nouvelle rendue, comme la jeunesse, la vigueur, la force revenues dans l'âme épuisée. Voilà ce que fait l'Eucharistie! Madame Louise avait bien raison de le dire: avec elle *il ne reste plus que la confiance et l'amour.*

L'amour! Comment la présence réelle du Dieu Sauveur n'en remplirait-elle pas nos cœurs! Comment en contemplant ce prodige, ce dernier excès comme dit l'Apôtre : *in finem dilexit eos,* — comment, dis-je, ne pas sentir à son tour un amour reconnaissant, humble et sans mesure pour un Dieu à ce point abaissé, se réduisant à cet état pour être tout à nous et à nos intérêts éternels, *Totus in usus nostros impensus*.

Amour, qui ne se lasse pas de nos négligences et de nos abandons, amour qui ne s'irrite pas des oublis et des fautes, qui espère toujours renouer une amitié à laquelle il tient tant, parce qu'elle est notre salut. amour qui se hâte au devant du cœur qui revient à lui, pour l'embrasser et le consoler en oubliant tout le passé.

Oh! combien Mme Louise avait compris ces choses, comme son cœur s'enflammait en cette divine présence! Il me semble qu'il est bon, qu'il est doux d'y penser ici et d'en parler ensemble en face de ces saints autels. Aussi bien, si je ne me trompe, de ce tabernacle, de ce trône où il repose entouré de tant de pompe, il vient à nous, comme autrefois à Mme Louise, quelque chose qui émeut et qui apaise nos âmes, un plus grand désir encore d'honorer le divin Sauveur, de demeurer avec lui, de l'aimer.

Mais le bien par excellence de l'Eucharistie c'est la Sainte-Communion. C'était plus que tout le reste l'objet de la reconnaissance, de l'amour et des désirs de Madame Louise : « Croyez-moi, mes sœurs, disait-elle, la force d'une épouse de Jésus-Christ est dans la Sainte-Communion ; le moyen le plus court pour arriver à la perfection, c'est la Sainte-Communion; le secours le plus assuré pour vaincre tous nos ennemis, c'est encore la Sainte-Communion. »

Vous savez, mes frères, combien ce fût-là dans sa vie tout entière le fond même de ses pensées et de son cœur. Quel désir elle avait de n'être point privée d'un si grand bien. Sa dernière maladie lui imposa ce dur sacrifice, et ce fut véritablement pour elle la grande et intime douleur; elle s'en plaignait doucement au Supérieur de la Communauté, le pieux et dévoué Monsieur Bertin :

« Je ne tiens à rien sur la terre, disait-elle, et je n'y reste que dans un désir, celui de recevoir Notre-Seigneur dans la Sainte-Communion. » Elle demandait le Saint Viatique, mais on tardait à le lui accorder; on l'aimait tant, on tenait tant à elle, que l'on ne pouvait croire son départ si prochain; le cœur souvent trouble l'esprit. Lorsqu'enfin la sœur Raphael vint lui annoncer cette nouvelle si douloureuse pour tous, mais pour elle si pleine de joie, elle s'écria comme autrefois sa Mère Thérèse : « Oh! le voilà donc arrivé ce moment béni! mon Dieu, qu'il est doux ce moment où je vais vous recevoir en faisant le sacrifice entier de ma vie! » Ce furent comme ses dernières paroles. En elle, comme dans le Saint Patriarche, s'était réalisée la promesse de Dieu, qu'il faut une dernière fois redire : « *Ambula coram me et esto perfectus.* » Marche en ma présence et tu seras parfait.

La présence de Dieu partout sentie, partout adorée, avait été, nous l'avons vu, sa force, sa consolation, sa joie dans sa vie tout entière; elle avait soutenu la pieuse princesse, surtout dans cette maladie suprême où elle vivait tranquille et recueillie sous le regard de Dieu dans une oraison qui ne s'interrompait plus. Enfin la présence Eucharistique, la Sainte-Communion était venue achever l'œuvre et y mettre le sceau dernier de la perfection. Tout était fini pour la terre. Madame Louise pressant sur son cœur le Dieu

qu'elle avait tant aimé s'endormit calme et con-
fiante. Elle allait jouir pour sa récompense dans
les siècles des siècles de cette présence désormais
sans nuages et sans voiles qui fait dans le ciel
l'éternelle félicité des élus.

Ainsi soit-il.

VUE DU CLOITRE DU CALVAIRE

CINQUIÈME SERMON

PRÊCHÉ PAR MONSEIGNEUR D'HULST, PRÉLAT DE LA MAISON DU PAPE

Recteur de l'Univerté Catholique de Paris

Vos autem genus electum, regale sacerdotium, gens sancta, populus acquisitionis, ut virtutes annuntietis ejus qui de tenebris vos vocavit in admirabile lumen suum.

1 Petr. ii. 9.

Vous êtes une race de choix unissant le sacerdoce à la royauté, un peuple que Dieu a fait sien, le chargeant de manifester la puissance de Celui qui, de vos ténébres, vous a appelés à son admirable lumière.

MES SŒURS,

A qui s'adressent ces paroles de l'apôtre Saint-Pierre ? A tous les Chrétiens. Oui, tous les Chrétiens, sans distinction de Juifs ou de Gentils, de Grecs ou de Barbares, d'hommes libres ou d'esclaves, de savants ou d'ignorants, tous ceux qui ont trouvé dans le baptême une nouvelle naissance, une noblesse divine, tous ceux-là forment cette race choisie dont le Prince des Apôtres exalte si magnifiquement les prérogatives. Et s'il y a des privilégiés dans ce peuple d'adoption, ce sont ceux qui, pour avoir plus de part à d'aussi glorieux avantages, commencent par rendre plus profonde et plus visible dans leur vie l'empreinte chrétienne.

Je pourrais donc, mes Sœurs, vous les adresser aujourd'hui, ces salutations de l'apôtre. Ah oui, quand on franchit le seuil du Carmel, quand on compare ce qu'on a laissé au dehors et ce qu'on trouve en ce cloître : là des âmes qui s'ignorent elles-mêmes, oublieuses de leur grandeur et de leur destinée, ici des âmes qui ne vivent que pour le Ciel; là sous les apparences d'une liberté capricieuse la pire des servitudes, ici, sous le joug de l'obéissance la plus noble des libertés; là au milieu des plaisirs la satiété et la tristesse, ici dans la souffrance volontaire la joie et la paix; comment ne pas s'écrier : filles de Sainte-Thérèse vous avez pris la meilleure part, vous êtes la race choisie, la nation sainte, chargée d'annoncer au peuple incrédule la puissance de Celui qui exerce un tel empire sur les cœurs.

Mais si je vous tenais ce langage, mes Sœurs, vous m'arrêteriez au premier mot. Vous me diriez que vous ne m'avez pas appelé ici pour vous louer, mais pour glorifier avec vous le Dieu des miséricordes dans les vertus héroïques de Madame Louise de France, en religion Révérende Mère Thérèse de Saint-Augustin.

Il ne m'en coûte pas, mes Sœurs, de déférer à votre vœu. Aussi bien, dans cette illustre princesse n'est-ce pas encore le Carmel qu'il me sera donné de louer? Oui, le Carmel, ce jardin de la sainteté; mais aussi quelque chose de plus admirable encore : la grâce qui de la Cour a conduit ici la fille de Louis XV; la grâce qui dans ce cloître a fait d'elle la digne émule de toutes les âmes héroïques dont l'histoire compose vos annales.

Cette histoire, mes frères, c'est celle de la sainteté. Aussi quelque différentes que soient les conditions extérieures, il y a des traits communs qui se retrouvent dans toutes ces vies. Dieu attire l'âme qu'il a choisie; peu importe où ce choix va la prendre; des extrémités les plus opposées de l'existence humaine il saura l'amener au rendez-vous de sa Croix. Une fois gagnée, il opère en elle et la transforme. Enfin il opère par elle et en fait l'instrument de son action dans l'Église.

Recherchons, s'il vous plaît, et suivons ces trois phases dans la vie de Madame Louise de France.

I

Dieu l'attire d'abord, et comment? Le monde se fait d'étranges idées sur les motifs qui déterminent les heureux du siècle à s'ensevelir dans un cloître. C'est, pense-t-il, quelque peine secrète, quelque blessure cachée, quelque espoir déçu, quelque amour trompé. Alors la vocation se confondrait avec le dépit. La tristesse et le dégoût prenant la place des désirs frustrés, l'âme éprou-

verait une âpre jouissance à se séparer d'une
société qui lui rappelle ses déplaisirs. Elle se don-
nerait à Dieu comme d'autres se précipitent tête
baissée dans la mort. Aussi bien le cloître n'est-il
pas un tombeau et le choix d'un tel séjour diffère-
t-il beaucoup du suicide ?

O monde, pourquoi juger ce que tu ignores ?
Que le cloître accueille quelquefois les vaincus de
l'existence, qu'il offre aux désabusés des espé-
rances terrestres un asile de paix, je ne le veux
point nier, bien que ces sortes de vocations soient
de beaucoup les plus rares. Mais, même alors, ce
n'est pas la mort que l'âme touchée de la grâce
vient chercher ici, c'est une vie meilleure. Si Dieu
se sert des déceptions terrestres pour défendre
cette âme de la vanité, en même temps il se
montre à elle comme digne des préférences de
toute créature ; et pour l'avoir connue plus tardive-
ment, celle-ci n'en reconnaît pas avec moins de
joie l'excellence suprême du Souverain Bien.

Mais le plus souvent, Dieu se plaît à faire entendre son appel avant toute trahison du bonheur
humain et parmi les promesses d'un riant avenir.

10

Alors il faut bien reconnaître qu'Il a de quoi se faire aimer pour lui-même et que, même ici-bas, au milieu des ténèbres de cet exil, Il peut être pour le cœur de l'homme autre chose qu'un pis-aller.

Quand donc, mes frères, cette leçon a-t-elle été donnée au monde avec plus d'éclat que dans la vocation de Madame Louise ? Pour juger de la condition au sein de laquelle cette vocation est allée la chercher, il faut faire un effort difficile aux hommes de notre âge. Cent ans ont passé sur les ruines du premier trône de l'univers. Le prestige de la royauté n'est plus qu'un souvenir; et quand nous demandons à l'Histoire de le faire revivre à nos yeux, d'autres souvenirs se dressent devant nous qui en obscurcissent l'éclat. Le nom de Louis XV éveille dans notre esprit des images douloureuses: c'est l'amoindrissement de la France au dehors, c'est sa décadence au dedans; c'est la corruption et le scandale, c'est l'impiété railleuse, c'est la préparation prochaine des hontes, des crimes et des malheurs qui ont marqué la fin du dernier siècle. Ces vues sont justes, mes Frères, encore qu'elles n'embrassent pas dans son ensemble une société qui avait gardé de précieuses ressources de vertu et d'honneur. Mais pour les contemporains de notre auguste Carmélite le spectacle était tout différent. La gloire de Louis XIV projetait encore son éclat sur le règne de son petit-fils. L'amour des peuples allait encore au-devant de Louis le Bien aimé, palliait ses fautes, exaltait ses mérites. Une fidélité séculaire inspirait aux Français un sentiment presque religieux à l'égard de cette Monarchie glorieuse en laquelle s'incarnait l'âme de la patrie.

Voilà le milieu où naquit Madame Louise. Fille du Roi, le monde entier voyait alors une distance presque infinie entre sa condition et celles des autres hommes.

Sans doute cette grandeur était aussi un esclavage. Les assujétissements de la cour étaient sans nombre. Mais les âmes mondaines savaient se frayer à travers ces barrières le chemin d'une liberté périlleuse, faite d'intrigue et de péché. Madame Louise, instruite par le Saint-Esprit, sut accepter le joug et résister à la séduction.

Sans doute encore un certain défaut physique,

en lui ôtant quelque chose de ses charmes, semblait diminuer à l'avance le mérite de ses sacrifices. Mais le désir de plaire au monde ne s'arrête
pas devant de tels obstacles. Souvent il n'en devient que plus irrité et plus tenace; et l'aimable
princesse avait dans la vivacité de son esprit, dans
la noblesse de son attitude, dans la grâce de toute
sa personne, de quoi faire oublier ce qui manquait
à sa beauté. Si elle n'eût voulu garder à Dieu tout
son cœur, les occasions ne lui eussent pas manqué
de l'offrir à la créature.

Sans doute enfin une naturelle vaillance, un
courage vraiment viril était en elle comme une
préparation à l'héroïsme de la vertu. Mais aussi la
gaieté, l'expansion d'une nature heureuse, une
sensibilité extrême, une incroyable délicatesse,
l'habitude d'avoir à sa portée tous les plaisirs et à
ses pieds tous les hommages, devaient l'éloigner
plus que toute autre de l'austérité du cloître et lui
rendre plus insupportables les privations, **les
humiliations**, la pauvreté, le travail, **la douleur**,
tout ce qui compose la trame extérieure **de l'exis-**
tence du Carmel.

Ah! ne cherchons pas plus longtemps les explications humaines d'un fait où éclate la souveraine liberté de Dieu. Il a plu à celui qui est le maître des cœurs d'aller chercher parmi les enivrements de la cour la plus brillante et la plus corrompue de l'univers, celle qu'il voulait entraîner à sa suite dans l'âpre sentier de la Croix. Autour de ce lys prédestiné, il a planté une haie protectrice : la piété et l'austère tendresse d'une reine malheureuse, les exemples de vertu donnés par ses filles. A l'école de cette mère et de ces sœurs si dignes d'elle, la fille de Louis XV a gardé la pureté de son âme. Le reste s'est passé entre elle et Dieu. Et qui donc pourrait s'interposer dans ce mystérieux tête-à-tête de l'Époux avec l'épouse qu'il s'est choisie? Jusque-là elle était l'enfant de Dieu. Le baptême lui avait conféré cette dignité qui dépasse toute ambition terrestre. L'ambition divine va plus loin : « Écoute, ma fille, dit le Seigneur, écoute et regarde : *audi, filia et vide;* et parce qu'il s'agit d'une confidence, approche plus près ton oreille, *et inclina aurem tuam* [1]. Le mot décisif

____

[1] Ps 44.

va être révélé à l'âme attentive : elle va devenir la fiancée de Dieu, sa compagne, son épouse, elle échangera les couronnes de la terre contre un partage véritable de la royauté de Dieu : *veni, sponsa mea, veni coronaberis*[1]. Mais la condition de cette alliance royale, c'est le sacrifice. « Renonce, quitte, abandonne, oublie tout ce qui occupait et retenait ton cœur; fais de toutes tes affections un universel holocauste : *obliviscere populum tuum et domum patris tui.*

Voilà la parole secrète qu'a entendue Madame Louise, voilà quelle flèche s'est enfoncée dans son cœur; et la blessure faite de main divine est inguérissable. L'âme qui l'a reçue emporte partout avec elle une langueur mortelle qui lui rend amers tous les plaisirs. Elle envie la pauvreté parmi l'éclat des richesses; au sein des délices elle a soif de souffrances. Elle sent que l'amour qui la possède ne se contente pas d'une fidélité vulgaire, d'une confiance partagée. Il donne tout et il veut tout prendre; et pas plus qu'il ne se réserve dans ses largesses il n'entend se borner dans ses exigences.

[1] Cant. IV. 8.

Voyez le progrès des prétentions divines. C'est d'abord la virginité qu'il réclame. Le cœur qu'il a choisi n'aura pas d'autre époux. Mais, Seigneur, ce lys peut croître au milieu des épines du monde. Sans doute, s'il s'agissait d'une vocation ordinaire. Mais ici Dieu veut de l'éclat, car il faut confondre l'orgueil du siècle. L'âme vierge devra signifier au dehors par ses sacrifices et ce qu'elle quitte et ce qu'elle embrasse. Elle abandonnera la cour, c'est peu de chose; la liberté, c'est beaucoup : une famille ardemment aimée, un père demeuré, jusqu'en ses écarts, le modèle de la tendresse paternelle. Ah ! Seigneur, ceci est davantage ; mais vous êtes le Maître. — Du moins s'il faut qu'un cloître enferme cette jeunesse et cette grâce, on choisira quelque royale abbaye où la princesse retrouvera sous le voile, avec les insignes du commandement, quelques vestiges de sa grandeur. — Non, non, Dieu n'aime pas le larcin dans l'holocauste. Fontevrault a pu abriter l'enfance de Madame Louise, offrir à ses premières années un asile religieux, initier sa jeune âme à la connaissance et à la pratique des vertus chrétiennes. Mais ce qu'elle a vu de ces monastères superbes ne répond pas au désir d'immolation qui la dévore. Le Carmel, avec sa pauvreté, son austérité, sa ferveur, avec la tradition encore vivante de Sainte Thérèse, voilà ce qui représente à ses yeux la forme parfaite du sacrifice, et là encore, s'il faut faire un choix, l'âme éprise de la Croix aura vite fait le sien. Pauvre monastère de Saint-Denis, tu te croyais près de périr. Ton dénuement allait amener ta ruine. Mais non, c'est là ce qui fixe les préférences de la fille du roi. Cloître vénérable, tressaille : celle qui franchit ton seuil, t'apporte quelques épaves de sa richesse et t'emprunte ton indigence. Heureux échange qui, en assurant ton sort présent, te prépare pour l'avenir l'immortel honneur d'avoir servi de théâtre à l'une des plus glorieuses victoires de la grâce !

II

L amour vainqueur amène ici sa conquête. C'est à vos annales, mes sœurs, qu'il faut demander la sublime histoire des opérations de Dieu dans l'âme qu'il a séduite. Un mot résume cette œuvre puissante : c'est une transformation. Ne parlons pas des changements extérieurs : les riches vêtements de la cour échangés contre la bure du Carmel, le nom de Louise de France contre celui de sœur Thérèse de Saint-Augustin, voilà ce que le monde aperçoit, ce qui cause sa surprise, ce qui défraie la critique des uns, l'admiration des autres. Vos aînées, mes sœurs, ont vu un plus grand spectacle. Il y a deux phases dans le don que Dieu réclame. L'âme appelée se donne d'abord tout entière dans un seul acte où elle aliène la possession d'elle-même : puis elle se livre en détail et poursuit au jour le jour, contre les reprises

obstinées de l'amour-propre, les revendications de
la jalousie divine.

La royale postulante avait fait à Versailles la
première donation, ce qu'on pourrait appeler
l'offertoire de son sacrifice. Saint-Denis fut témoin
durant dix-sept ans de l'infatigable constance avec
laquelle elle le continua jusqu'à la consommation
suprême. *Je veux être Carmélite pour tout de bon.*
Cette parole fut sa devise dès son entrée dans le
cloître. Dieu seul sait ce qu'il lui en coûta pour y
conformer sa vie entière. De loin, parmi les
splendeurs de Versailles elle s'était familiarisée
avec les pratiques monastiques. Mortification,
détachement, dépendances, elle croyait avoir tout
regardé en face, tout expérimenté daus le secret.
La réalité lui réservait plus d'une surprise et l'on
peut dire que chaque heure passée ici multipliait
ses combats. Un courage indomptable, une humilité profonde, une confiance en Dieu plus forte
que toutes les épreuves, voilà les armes de ses
victoires. Depuis longtemps elle avait effacé, aux
yeux émerveillés de ses sœurs, les derniers restes
de sa fierté et de sa délicatesse naturelles que

l'impitoyable lumière de Dieu lui montrait encore où porter le fer et le feu pour la réforme de ses défauts. Le froid, le chaud, la fatigue et la faim, la grossièreté de la nourriture et la brièveté du sommeil, l'incommodité de la vie commune, l'aspérité des caractères, les sévérités de la règle et les sévérités plus grandes des divines exigences ; plus tard les sollicitudes du commandement, les angoisses de la maternité spirituelle ; les peines intérieures et les souffrances de cet apparent abandon par où Dieu achève de purifier ses victimes ; les deuils multipliés de la famille royale qui trouvaient dans son cœur aimant un si douloureux écho ; l'angoisse suprême de la maladie du roi et les inquiétudes que lui causait son salut ; enfin une maladie cruelle qui lentement détachait son âme de son enveloppe mortelle voilà quels furent en ce lieu les exercices de sa fidélité. Pour ne pas succomber à tant de fardeaux elle avait le secret des saints : ajouter au sacrifice imposé le sacrifice volontaire ; ne pas écouter la nature qui se plaint, sinon pour aggraver les charges qui l'accablent ; quand il semble que Dieu demande

trop, lui offrir davantage; prendre l'offensive sur
l'orgueil, sur la sensualité, sur toutes les inclina-
tions naturelles; mener contre soi-même une
guerre sans trève, se reposer de la mortification
par la prière et du travail par le zèle; réduire le
corps en servitude et ne laisser à l'esprit d'autre
liberté que celle du saint amour; fermer autour
de soi toutes les issues qui ouvrent sur le monde
pour n'avoir de refuge qu'en Dieu seul; après tant
de combats, se persuader qu'on n'a rien fait encore
et recommencer jusqu'à la dernière heure le noviciat intérieur où l'on n'a que Jésus pour initiateur,
pour témoin, pour récompense; n'est-ce point-là,
mes sœurs, la science qu'on enseigne au Carmel?
Celle qui venait si humblement se mettre à l'école
de vos aînées pour l'apprendre, méritait bien
d'en devenir la maîtresse. Je ne m'étonne pas qu'à
peine professe elle ait été choisie pour instruire
les novices; que, moins de deux ans après, elle
ait reçu du libre suffrage de ses sœurs le titre et
la charge de prieure et que les résistances de son
humilité aient été impuissantes à éloigner d'elle
ce fardeau, qu'elle devait porter comme une croix

jusqu'à la mort. Toujours fervent et régulier depuis sa fondation. le Carmel de Saint-Denis trouvait dans la grâce d'une direction si sainte. avec la récompense de sa fidélité passée, l'encouragement à une fidélité plus parfaite. Et le monde, par ce qu'on publiait de la royale prieure, apprenait que l'amour de Dieu sait mieux que les prospérités d'ici-bas remplir les cœurs ; que s'il y a des vertus feintes, il en est de véritables ; que si les faiblesses de la nature humaine pénètrent parfois jusque dans les monastères, on y voit fleurir une forme de vaillance qui fait pâlir le courage des héros ; enfin que les maximes de l'Évangile, quand elles sont prises à la lettre. élèvent leurs sectateurs à des hauteurs que n'atteindront jamais ceux qui rougissent de la folie de la Croix.

III

Voilà, mes Frères, ce que Dieu a fait dans l'âme qu'il a choisie. Et comment après cela n'aurait-il pas fait par elle de grandes choses ? L'apostolat est le rayonnement de la sainteté. Nul n'est saint ou pécheur pour soi seul. Tout cœur livré au mal en propage la contagion; tout cœur que Jésus-Christ possède, répand autour de soi la vie divine. Et quand l'union est parfaite, la puissance extérieure de la sainteté ne connaît plus de frontières. Elle franchit les barrières du cloître, elle perce les voiles dont l'humilité l'enveloppe, elle embrasse dans ses sollicitudes généreuses le bien de l'Église entière, elle coopère efficacement en tous lieux à l'extension du règne de Dieu.

L'âme de votre Mère, mes sœurs, était du nombre de ces vases d'élection dont la Providence surnaturelle se sert pour les œuvres du salut : *Vas electionis est mihi iste ut portet nomen meum coram gentibus*[1]. Sans parler de cette fécondité cachée qui appartient à la prière et dont les fruits ne seront connus que dans l'éternité, j'aperçois trois effets salutaires de la vocation de Madame Louise : elle a obtenu du Ciel la conversion du roi son père; elle a réparé les scandales de la cour; elle a combattu de près et de loin deux

[1] Act. IX. 15.

grands ennemis de l'Église au xviiie siècle, le jansénisme et le josephisme.

La conversion du roi était la passion de son cœur filial. Jamais le respect n'avait rendu sa tendresse aveugle; jamais la clairvoyance n'avait en elle affaibli le respect. Elle savait de quelles chaînes cette âme portait le poids. Et dans ce don héroïque d'elle-même, dans cette pénitence sans pitié, dans cette avidité d'expiation, tous ceux qui avaient les secrets de son cœur découvraient la pensée constante d'arracher à la miséricorde divine le salut de son père. « Moi Carmélite et le roi tout à Dieu », ce cri traduisait son âme tout entière. De tels cris percent les cieux. N'en déplaise aux sceptiques qui ne savent croire qu'au mal. Louis XV avait conservé jusqu'en ses désordres une foi vive. C'est avec un sentiment de religion véritable qu'il avait consenti au douloureux sacrifice d'une fille tendrement chérie. Son respect pour elle égalait son affection. Ses visites de plus en plus fréquentes à Saint-Denis, avançaient à chaque fois dans sa conscience troublée l'œuvre de la grâce. L'humilité courbait jusqu'à terre, dans le sanctuaire du Carmel, la tête du vieux roi pécheur. Quand il vit venir la mort, il sut l'accueillir comme la messagère de Dieu. Prosternée durant ce temps devant l'auguste sacrement de l'autel, la royale Carmélite ne savait plus interrompre sa prière ; et quand la nouvelle lui parvint de la fin chrétienne du monarque, elle sentit se mêler à son amère douleur l'assurance d'une victoire qui était celle de ses larmes, de ses expiations et de son amour

Mais le roi n'était pas le seul coupable. C'est une **des injustices** de l'histoire de réserver ses sévérités **pour les fautes** d'un homme, et d'absoudre si **facilement les écarts** d'une société tout entière. L'irréligion, la frivolité, la corruption étaient alors le mal commun de la cour et des hautes classes de la nation. Tandis que la condition moyenne et le peuple gardaient encore des trésors d'honneur de foi, d'austérité et de patience, de fidélité et de vertu, on voyait ce spectacle étrange d'une aristocratie empressée à se détruire elle-même et à préparer les ruines sous lesquelles allaient sombrer ses privilèges et sa puissance. Partout les devoirs oubliés, les droits tournés en abus ; les dons de l'esprit, les charmes de l'élégance, l'éclat du courage, tout un patrimoine de qualités héréditaires et d'avantages sociaux dissipé en de vains plaisirs, prostitué aux œuvres du vice et aux entreprises de l'impiété ; voilà ce que nous montre une époque qui ne fut pas seulement le siècle de Louis XV, qui fut aussi le siècle de Voltaire.

Quand un pareil vent de folie s'empare d'un peuple, il n'est conseil ou reproche qui l'arrête. La justice de Dieu se révèle aux insensés dans les conséquences mêmes de leurs crimes. Mais si la justice agissait seule, où s'arrêterait le châtiment? C'est ici le mystère de la solidarité qui admet les âmes innocentes à se substituer aux coupables dans la réparation de leurs excès. Toute la religion chrétienne est fondée sur cette économie rédemptrice. Dieu a chargé sur les épaules de son Fils incarné le poids des iniquités humaines : *posuit in eo iniquitatem omnium nostrum*[1]; le Saint des Saints a été frappé à la place des pécheurs, *vulneratus est propter iniquitates nostras*.

[1] Is. LIII. 6.

11.

et nous avons été guéris par ses blessures : *et livore ejus sanati sumus* [1]. Certes, nulle autre victime que celle-là ne pouvait prétendre à désarmer la colère de Dieu. Mais si le Sauveur du monde possède, par privilège, le pouvoir d'expier nos crimes, il lui appartient aussi d'étendre à ses membres mystiques la fonction réparatrice. Les œuvres satisfactoires des saints ne valent que par leur union aux mérites du divin médiateur; mais cette union est voulue de Dieu et la vertu du sacrifice rédempteur rayonne à travers les victimes volontaires que l'amour presse d'achever en elles ce qui manque aux souffrances du Verbe incarné. *Adimpleo ea quæ desunt passionum Christi in carne mea* [2].

Où sont-elles, les âmes appelées à l'honneur de cette coopération glorieuse? Cherchez-les seulement tout près du cœur du Maître, là où l'intimité d'un commerce d'amour a tout mis en commun entre elle et le Bien-aimé. Dans cette phalange choisie vous trouverez la fille de Louis XV. Vous

[1] Is. LIII. 5.
[2] Coloss, I, 24.

la verrez occupée à pleurer, à souffrir, à s'immoler
pour son siècle. Et ne dites pas que son sacrifice
a été stérile. La grâce, le pardon, les vertus sublimes, l'héroïsme du martyre ont eu leur place
dans les malheurs de la France à la fin du dernier
siècle. Et une part de ces compensations surna-
turelles revient de droit aux gémissements de
cette victime innocente qui est venue chercher sur
la montagne du Carmel l'autel de son immolation.

Enfin l'histoire de Mme Louise nous la montre
aux prises avec les fausses doctrines et les sectes
perfides. Fille de France et fille de Sainte-Thérèse,
elle avait le droit par ces deux côtés de se pro-
clamer fille de l'Église. Son cœur battait d'émotion à toutes les joies, il éclatait de douleur à
toutes les épreuves de sa mère.

Le Jansénisme, cette invention de l'enfer pour
dégoûter les peuples du Christianisme en le rendant odieux, n'eut pas d'ennemis plus ferme que la
vaillante prieure. Les vertus et les services, l'é-
clat de la dignité ou du talent ne purent jamais lui
faire prendre le change sur la pureté de la doctrine, sur la sincérité de la soumission au Saint-

Siège; quand, peu d'années après sa mort, ses filles eurent à soutenir l'assaut du schisme révolutionnaire, l'esprit de leur Mère les rendit invincibles. La reconnaissance même envers un de leurs bienfaiteurs ne put faire fléchir leur constance quand celui-ci eut prêté le serment schismatique. L'empreinte des saints sur les âmes est ineffaçable.

Mais avant que la révolution éclatât dans les rangs du peuple, les princes en avaient donné l'exemple et le signal. N'était-ce pas la Révolution dans l'Église, que ces doctrines Fébroniennes dont l'Empereur Joseph II se faisait en Allemagne et dans les Pays-Bas le promoteur et l'instrument? La France devait attendre que le trône dé ses rois se fût écroulé pour ouvrir la persécution religieuse, chasser de leurs monastères les épouses de Jésus-Christ, traiter de crimes d'État les serments faits à Dieu, et imposer des serments sacrilèges. Le César allemand avait le premier inauguré cette tyrannie des consciences. Les religieuses de Belgique et de Hollande furent dispersées par la force. La Mère Thérèse de Saint-Au-

gustin se souvint alors qu'elle était fille de roi et
déploya pour secourir ces touchantes infortunes
toutes les ressources de son grand cœur. Votre
monastère, mes Sœurs, s'ouvrit aux fugitives, vos
aumônes allèrent soulager celles que votre maison ne pouvait recevoir. Pie VI reconnut dans cette
charité royale l'âme de Saint-Louis et il voulut
écrire lui-même à Madame Louise pour la remercier et la bénir. Ah ! qu'ils connaissent mal la sainteté, ceux qui l'accusent de rétrécir le cœur! qu'ils
savent peu ce qu'une âme touchée de Dieu va
chercher dans le cloître, ceux qui s'étonnent de la
voir étendre ses sollicitudes aux intérêts généraux
de l'Église!

J'ai fini, mes Sœurs et mes Frères, d'étudier
avec vous l'œuvre de Dieu dans l'âme de celle
dont vous honorez après cent ans la sainte mort.
Je n'aurais pas rempli toutes les obligations de
mon ministère, si je descendais de cette chaire
sans avoir tiré de ce grand souvenir les leçons
pratiques qu'il contient pour chacun de nous.
Vous avez vu aux prises l'Esprit de Dieu et l'esprit du monde. Le combat de ces deux esprits

contraires ne cessera qu'avec l'humanité. Ni les
vertus de Mme Louise n'ont suffi à prévenir la
Révolution, ni la Révolution n'a réussi à détruire
l'Église. Cent ans ont passé, et les deux armées
sont encore en présence. Vous célébrez, aujour-
d'hui, un religieux centenaire : bientôt une société
ivre d'orgueil en solennisera un autre qui rappelle la substitution sacrilège des droits de
l'homme aux droits de Dieu. Faut-il nous
plaindre des luttes où cet antagonisme nous engage ? Mais ce serait nous plaindre de notre condition de chrétiens. Celui qui nous a envoyés
« comme des brebis au milieu des loups, » nous
a prédit la persécution et la souffrance, mais il
nous a également garanti la victoire. Pour bannir
le découragement, rappelons-nous ces divines
promesses. Mais n'oublions pas à quelles conditions nous en pouvons éprouver les effets. L'ennemi que nous avons à combattre est puissant et
perfide : ne nous flattons pas de le vaincre par
d'autres armes que celles dont les saints nous
apprennent le maniement. La prière et l'humilité,
l'abnégation et la patience, l'usage discret des

biens de ce monde, l'esprit de sacrifice qui en conseille le volontaire abandon, par dessus tout l'amour généreux et tendre de Celui qui nous a aimés le premier jusqu'à la mort. voilà le secret de la victoire. Fille de saint Louis et de sainte Thérèse, venez le révéler à nos cœurs ! Attirés par vos vertus, fortifiés par vos souvenirs, aidés par votre intercession et par les prières de vos sœurs. nous voulons entrer enfin dans la voie que nous ont tracée vos exemples, et travailler pour notre part, à la rédemption de notre patrie de la terre, à la conquête de notre patrie du Ciel ! Amen.

SAINT-DENIS. — IMPRIMERIE LÉON MOTTE, 20 BIS, RUE DE PARIS

www.ingramcontent.com/pod-product-compliance
Ingram Content Group UK Ltd.
Pitfield, Milton Keynes, MK11 3LW, UK
UKHW020245180726
13839UKWH00001B/193